APRENDA XGBOOST

*Desenvolva Modelos de Alto Desempenho
para Previsões Precisas*

Diego Rodrigues

APRENDA XGBoost
Desenvolva Modelos de Alto Desempenhopara Previsões Precisas

Edição 2025

Autor: Diego Rodrigues

studiod21portoalegre@gmail.com

Publicado por StudioD21.

Nota Importante

Os códigos e scripts apresentados neste livro têm como principal objetivo ilustrar, de forma prática, os conceitos discutidos ao longo dos capítulos. Foram desenvolvidos para demonstrar aplicações didáticas em ambientes controlados, podendo, portanto, exigir adaptações para funcionar corretamente em contextos distintos. É responsabilidade do leitor validar as configurações específicas do seu ambiente de desenvolvimento antes da implementação prática.

Mais do que fornecer soluções prontas, este livro busca incentivar uma compreensão sólida dos fundamentos abordados, promovendo o pensamento crítico e a autonomia técnica. Os exemplos apresentados devem ser vistos como pontos de partida para que o leitor desenvolva suas próprias soluções, originais e adaptadas às demandas reais de sua carreira ou projetos. A verdadeira competência técnica surge da capacidade de internalizar os princípios essenciais e aplicá-los de forma criativa, estratégica e transformadora.

Estimulamos, portanto, que cada leitor vá além da simples reprodução dos exemplos, utilizando este conteúdo como base para construir códigos e scripts com identidade própria, capazes de gerar impacto significativo em sua trajetória profissional. Esse é o espírito do conhecimento aplicado: aprender profundamente para inovar com propósito.

Agradecemos pela confiança e desejamos uma jornada de estudo produtiva e inspiradora.

ÍNDICE

SAUDAÇÕES!

Seja bem-vindo a um manual técnico cuidadosamente estruturado para o uso profissional do XGBoost, um dos algoritmos mais utilizados na construção de modelos supervisionados de alta performance. Este conteúdo foi desenvolvido com foco em aplicação prática, precisão conceitual e aderência aos requisitos de projetos reais em ambientes empresariais e operacionais.

Em APRENDA XGBoost – Desenvolva Modelos de Alto Desempenho para Previsões Precisas, apresentamos uma abordagem modular, progressiva e orientada a resultados, seguindo os princípios do Protocolo TECHWRITE 2.3. Cada seção foi organizada para garantir consistência didática, aplicabilidade direta e clareza nas decisões técnicas que envolvem o uso do XGBoost em diferentes contextos — da exploração de dados ao deploy em produção.

O objetivo deste material é fornecer uma base sólida para a construção, avaliação, interpretação e integração de modelos preditivos baseados em XGBoost. Ao longo da leitura, os conceitos são apresentados com objetividade, os scripts são explicados em detalhes e as práticas recomendadas são destacadas de forma funcional, respeitando a realidade de quem atua com dados em ambientes com demandas concretas de performance e confiabilidade.

Este é um guia para profissionais que precisam de soluções reprodutíveis, técnicas auditáveis e modelos que se conectam com objetivos estratégicos. Espera-se que a leitura contribua de forma efetiva para o seu trabalho, oferecendo ferramentas claras para a tomada de decisão técnica baseada em evidência, estrutura e método.

Tenha uma leitura produtiva, estruturada e tecnicamente transformadora. Você está no caminho certo.

SOBRE O AUTOR

Diego Rodrigues
Autor Técnico e Pesquisador Independente
ORCID: https://orcid.org/0009-0006-2178-634X
StudioD21 Smart Tech Content & Intell Systems
E-mail: studiod21portoalegre@gmail.com
LinkedIn: www.linkedin.com/in/diegoxpertai

Autor técnico internacional (*tech writer*) com foco em produção estruturada de conhecimento aplicado. É fundador da StudioD21 Smart Tech Content & Intell Systems, onde lidera a criação de frameworks inteligentes e a publicação de livros técnicos didáticos e com suporte por inteligência artificial, como as séries Kali Linux Extreme, SMARTBOOKS D21, entre outras.

Detentor de 42 certificações internacionais emitidas por instituições como IBM, Google, Microsoft, AWS, Cisco, META, Ec-Council, Palo Alto e Universidade de Boston, atua nos campos de Inteligência Artificial, Machine Learning, Ciência de Dados, Big Data, Blockchain, Tecnologias de Conectividade, Ethical Hacking e Threat Intelligence.

Desde 2003, desenvolveu mais de 200 projetos técnicos para marcas no Brasil, EUA e México. Em 2024, consolidou-se como um dos maiores autores de livros técnicos da nova geração, com mais de 180 títulos publicados em seis idiomas. Seu trabalho tem como base o protocolo próprio de escrita técnica aplicada TECHWRITE 2.2, voltado à escalabilidade, precisão conceitual e aplicabilidade prática em ambientes profissionais.

APRESENTAÇÃO DO LIVRO

Modelos baseados em dados estruturados exigem precisão técnica, controle sobre o pipeline e entendimento aprofundado dos mecanismos de aprendizado supervisionado. O XGBoost tem se consolidado como uma das bibliotecas mais eficazes nesse contexto, sendo amplamente adotado por seu desempenho, estabilidade e adaptabilidade a diferentes escalas de operação. Este livro foi concebido como um manual técnico integral, orientado à aplicação direta do XGBoost em ambientes profissionais, com estrutura modular rigorosa e linguagem clara, sem perda de densidade técnica.

A obra inicia com os fundamentos teóricos do algoritmo, sua arquitetura baseada em boosting e os diferenciais operacionais que justificam sua adoção massiva em competições, projetos corporativos e sistemas produtivos. Em seguida, trata-se da preparação dos dados com foco em limpeza, codificação e tratamento de valores ausentes, estabelecendo uma base sólida para o pipeline supervisionado.

A construção do modelo é abordada em regressão e classificação binária, com ênfase nas métricas apropriadas, interpretação de resultados e ajuste fino de parâmetros. Técnicas como análise de curva ROC, otimização de thresholds e uso de métricas compostas garantem o alinhamento entre desempenho técnico e objetivos de negócio.

Avançando, são discutidos os critérios de importância das variáveis (gain, cover, frequency) e estratégias para redução de dimensionalidade e explicabilidade do modelo. O controle de overfitting é explorado por meio de regularizações L1 e L2, early stopping e validação cruzada.

Ajuste de hiperparâmetros com GridSearchCV e RandomizedSearchCV, avaliação com SHAP Values, modelagem multiclasse e integração com estruturas como Pandas, NumPy e séries temporais ampliam o escopo operacional do algoritmo.

Do ponto de vista de engenharia, o conteúdo cobre deploy com Flask e FastAPI, interfaces interativas com Streamlit, uso em GPU com suporte CUDA e execução distribuída com Dask, sempre com foco em reprodutibilidade, segurança e portabilidade.

Em contextos empresariais, são tratadas questões como versionamento, validação entre times, checkpoints de produção, governança de modelos e integração com sistemas legados. O checklist final consolida os critérios de estabilidade e entrega exigidos em ambientes críticos.

Cada tópico foi elaborado para refletir as exigências reais de projetos que envolvem dados, lógica preditiva e integração com aplicações. A progressão favorece tanto o estudo contínuo quanto o uso como material de referência técnica. O livro não se propõe a ser introdutório, mas funcional, consistente e pronto para o que o XGBoost oferece de mais relevante: predição precisa, com controle e profundidade.

Aqui, teoria se transforma em prática — e prática em domínio técnico.

CAPÍTULO 1. INTRODUÇÃO AO XGBOOST

O XGBoost, sigla para eXtreme Gradient Boosting, consolidou-se como uma das bibliotecas mais poderosas e eficientes para tarefas de aprendizado supervisionado, especialmente em competições de ciência de dados, aplicações empresariais e projetos com requisitos críticos de performance. Este capítulo introduz os fundamentos essenciais da técnica, com foco no entendimento da motivação, arquitetura interna, pontos fortes e diferenciais do XGBoost em relação a outras abordagens de machine learning.

Aplicação Direta do Tema

O objetivo deste capítulo é fornecer uma visão funcional do XGBoost: o que ele é, por que ele funciona tão bem, em quais cenários é preferido e como sua estrutura interna o torna um dos frameworks mais utilizados para tarefas de classificação, regressão e ranking.

O XGBoost não é apenas uma biblioteca para Boosting — ele representa uma implementação altamente otimizada do algoritmo de Gradient Boosting, com avanços significativos em desempenho computacional, regularização, paralelização e escalabilidade.

Sem se prender a histórico ou curiosidades, o foco aqui é entender o porquê do XGBoost ser tecnicamente superior a outras bibliotecas tradicionais como sklearn.ensemble.GradientBoostingClassifier, AdaBoost, ou Random Forests em diversos cenários de produção.

Execução Básica com Código

Uma execução mínima do XGBoost em Python pode ser realizada com apenas alguns comandos:

python

```python
from xgboost import XGBClassifier
from sklearn.datasets import load_breast_cancer
from sklearn.model_selection import train_test_split

# Carregamento de dados
X, y = load_breast_cancer(return_X_y=True)

# Divisão em treino e teste
X_train, X_test, y_train, y_test = train_test_split(X, y, test_size=0.3)

# Instanciação e treino
model = XGBClassifier()
model.fit(X_train, y_train)
```

Este exemplo encapsula a essência do XGBoost: uma API simples, compatível com scikit-learn, mas com capacidades internas extremamente robustas.

Variações Funcionais

O XGBoost pode ser utilizado não apenas para classificação binária, como no exemplo anterior, mas também para regressão (XGBRegressor), classificação multiclasse (objective='multi:softmax') e problemas de ranking (com o XGBRanker).

Além disso, a biblioteca permite diferentes modos de entrada de dados: arrays NumPy, DataFrames Pandas ou objetos otimizados chamados DMatrix, que armazenam metadados como pesos, labels e missing values de forma mais eficiente.

Abaixo, exemplo com DMatrix:

python

```python
import xgboost as xgb


dtrain = xgb.DMatrix(X_train, label=y_train)
dtest = xgb.DMatrix(X_test)


params = {
    'max_depth': 3,
    'eta': 0.1,
    'objective': 'binary:logistic'
}


bst = xgb.train(params, dtrain, num_boost_round=10)
```

Dessa forma obtém-se controle sobre o processo de boosting, sendo preferida em aplicações de alto desempenho.

Comportamento do Sistema

Durante o treinamento, o XGBoost constrói árvores de decisão de forma sequencial, onde cada nova árvore tenta corrigir os erros cometidos pelas anteriores. O modelo final é composto pela soma ponderada de todas as árvores.

O comportamento interno é governado por:

- **Ganho de informação**: critérios baseados em redução de erro (gain) para selecionar divisões.

- **Regularização**: penaliza árvores muito profundas ou com muitas folhas.

- **Shrinkage** (ou learning rate): controla a contribuição de cada árvore.

- **Subsampling**: introduz aleatoriedade para evitar overfitting.

Esse mecanismo resulta em modelos mais precisos e menos propensos ao overfitting do que abordagens puramente baseadas em bagging, como Random Forests.

Controle e Monitoramento

XGBoost fornece uma série de recursos para controlar o processo de aprendizado:

- eval_metric: define métricas de avaliação durante o treino.

- early_stopping_rounds: interrompe o treinamento automaticamente se não houver melhora após N iterações.

- evals: permite passar conjuntos de validação para monitoramento contínuo.

Com early_stopping:

python

```
evals = [(dtrain, 'train'), (dtest, 'eval')]
```

```
bst = xgb.train(params, dtrain, num_boost_round=100,
evals=evals, early_stopping_rounds=10)
```

O treinamento é interrompido se a métrica de avaliação no conjunto eval não melhorar em 10 rodadas consecutivas, economizando tempo computacional e evitando overfitting.

Diferenciais Técnicos do XGBoost

A arquitetura do XGBoost se destaca por oferecer:

- **Boosting regularizado**: combinação de L1 e L2 para controle de complexidade.

- **Divisões em blocos (block structure)**: acelera a busca por melhores splits.

- **Suporte a sparsidade**: lida nativamente com valores ausentes e datasets esparsos.

- **Paralelização interna**: usa múltiplos núcleos por padrão para construção das árvores.

- **Suporte a GPU**: possibilidade de acelerar treinos significativamente com CUDA.

- **Custom objectives**: definição de funções de perda personalizadas.

Tais aspectos tornam o XGBoost especialmente útil em ambientes de produção, onde desempenho, controle fino e confiabilidade são essenciais.

Comparação com Outras Bibliotecas

Biblioteca	Regularização	GPU	Early Stopping	Custom Objective	Velocidade
XGBoost	Sim	Sim	Sim	Sim	Alta
scikit-learn GBC	Não	Não	Sim (manual)	Não	Média
LightGBM	Sim	Sim	Sim	Sim	Alta
CatBoost	Sim	Sim	Sim	Sim	Alta
Random Forest	Não	Não	Não	Não	Média

Embora LightGBM e CatBoost sejam alternativas modernas, o XGBoost mantém uma base sólida por seu equilíbrio entre robustez, documentação e compatibilidade com ecossistemas diversos.

Casos de Uso Comuns

- Classificação binária de churn

- Score de crédito

- Previsão de demanda

- Diagnóstico médico baseado em exames

- Detecção de fraude

- Reconhecimento de padrões em dados transacionais

Sua flexibilidade e alto desempenho o tornam aplicável a qualquer problema supervisionado em que acurácia e interpretabilidade sejam fatores-chave.

Considerações Finais

Este capítulo fundamentou os principais conceitos técnicos e funcionais do XGBoost. A compreensão de sua estrutura e comportamento interno é essencial para tirar proveito máximo da biblioteca nos capítulos seguintes, que abordarão:

- Otimização de hiperparâmetros

- Análise de importância de variáveis

- Integrações com ferramentas de deploy e monitoramento

- Casos avançados com GPU, Dask, SageMaker e mais

O XGBoost não é apenas uma biblioteca — é uma base sólida para profissionais que querem entregar previsões de alta precisão com controle absoluto sobre o pipeline de machine learning.

CAPÍTULO 2. PREPARAÇÃO DOS DADOS PARA XGBOOST

O desempenho de qualquer modelo de machine learning está diretamente ligado à qualidade dos dados utilizados em seu treinamento. No caso do XGBoost, essa relação é ainda mais sensível, pois sua estrutura baseada em árvores de decisão sucessivas amplifica padrões, outliers e inconsistências presentes no conjunto de dados. Este capítulo apresenta, de forma prática e estruturada, como preparar dados de maneira eficaz para maximizar a performance dos modelos construídos com XGBoost. As etapas envolvem análise e limpeza de dados, encoding de variáveis categóricas e tratamento de valores ausentes, todas executadas com foco na estabilidade, robustez e capacidade preditiva do modelo.

Execução Básica com Código

A preparação de dados começa pela análise exploratória e verificação de consistência. Suponha um conjunto de dados de vendas com colunas categóricas, valores nulos e diferentes tipos de dados:

python

```
import pandas as pd


df = pd.read_csv('vendas.csv')
print(df.dtypes)
print(df.isnull().sum())
```

```
print(df.describe(include='all'))
```

Após essa análise preliminar, a primeira tarefa é a limpeza básica dos dados, removendo colunas irrelevantes, valores duplicados e entradas claramente inconsistentes:

python

```
df.drop(columns=['ID', 'DataRegistro'], inplace=True)
df.drop_duplicates(inplace=True)
df = df[df['ValorVenda'] > 0]
```

A seguir, tratamos variáveis categóricas e valores ausentes, preparando o dataset para uso com XGBoost.

Variações Funcionais

Há múltiplas formas de tratar as variáveis categóricas. O XGBoost exige entrada numérica, portanto, é necessário codificar qualquer coluna categórica. As duas abordagens principais são:

- **One-Hot Encoding**, ideal para variáveis com baixa cardinalidade:

python

```
df = pd.get_dummies(df, columns=['Produto', 'Região'])
```

- **Label Encoding**, mais eficiente em termos de memória, porém sensível a ordenação implícita:

python

```
from sklearn.preprocessing import LabelEncoder
```

```
le = LabelEncoder()
df['Produto'] = le.fit_transform(df['Produto'])
df['Região'] = le.fit_transform(df['Região'])
```

A escolha depende do volume de categorias, tamanho do dataset e se será utilizado XGBClassifier ou XGBRegressor.

Para valores ausentes, as estratégias variam conforme o tipo de dado:

- Preenchimento com média, mediana ou moda:

python

```
df['Idade'].fillna(df['Idade'].median(), inplace=True)
```

- Preenchimento com valor fixo ou categoria "desconhecida":

python

```
df['Categoria'].fillna('Indefinido', inplace=True)
```

- Exclusão de registros incompletos em casos extremos:

python

```
df.dropna(inplace=True)
```

Comportamento do Sistema

Durante o treinamento, o XGBoost interpreta valores nulos de maneira diferenciada. Quando se utiliza DMatrix, a biblioteca identifica automaticamente valores ausentes e aprende durante o processo de splitting como tratá-los da melhor forma. Isso pode inclusive gerar splits específicos para valores nulos, o que melhora o desempenho em alguns contextos.

python

```python
import xgboost as xgb


X = df.drop(columns='Alvo')
y = df['Alvo']
dtrain = xgb.DMatrix(X, label=y, missing=np.nan)
```

O uso de missing=np.nan garante que o XGBoost trate os nulos de forma otimizada. O comportamento padrão evita que seja necessário imputar manualmente, mas isso depende da consistência do restante do pipeline.

Controle e Monitoramento

A preparação de dados precisa ser verificável e reprodutível. Para isso, é recomendável:

- Verificar estatísticas descritivas após a limpeza:

python

```python
print(df.describe())
```

- Conferir se não há colunas não numéricas não convertidas:

python

```python
print(df.select_dtypes(include='object').columns)
```

- Validar se o número de amostras após a limpeza está compatível com o volume original:

python
```python
print(f"Linhas após limpeza: {len(df)}")
```

- Usar ferramentas como Sweetviz, Pandas Profiling ou YData Profiling para auditoria automatizada:

python
```python
import ydata_profiling


profile = ydata_profiling.ProfileReport(df)
profile.to_file("relatorio.html")
```

Esse modelo de auditoria é essencial em ambientes corporativos ou pipelines com múltiplos stakeholders, evitando reprocessamento e conflitos posteriores.

Resolução de Erros Comuns

Erro: ValueError: could not convert string to float
Causa: Coluna categórica não convertida.
Solução: Aplicar encoding apropriado antes de passar para o XGBoost.

Erro: Data contains NaN values
Causa: Dados com valores ausentes não identificados.
Solução: Usar o parâmetro missing=np.nan ou imputar os dados.

Erro: Mismatch in feature number between training and prediction
Causa: One-hot encoding com categorias diferentes entre treino e teste.
Solução: Garantir consistência usando ColumnTransformer ou fixar colunas manualmente.

Erro: Columns with high cardinality causing memory overflow
Causa: Aplicação de One-Hot em colunas com muitas categorias.
Solução: Substituir por Label Encoding ou agrupar categorias raras.

Erro: Model not improving despite high-quality data
Causa: Presença de variáveis ruidosas ou multicolinearidade.
Solução: Aplicar análise de correlação e remover variáveis redundantes.

Boas Práticas

- Aplicar dropna() com critério baseado em impacto e não de forma indiscriminada

- Usar LabelEncoder apenas quando não houver risco de inferência de ordem

- Consolidar categorias raras para evitar sparsidade excessiva

- Criar scripts reprodutíveis com logging dos passos de pré-processamento

- Validar encoding e imputação após cada transformação com .info() e .head()

Resumo Estratégico

A preparação dos dados é uma etapa crítica para o sucesso

de modelos baseados em XGBoost. A qualidade dos dados alimentados na biblioteca determina não apenas a acurácia final, mas também o tempo de treinamento, risco de overfitting e estabilidade do pipeline. Com a correta limpeza, encoding e tratamento de valores nulos, é possível garantir um ambiente de modelagem mais robusto e confiável.

As etapas executadas neste capítulo — da análise inicial ao encoding final — representam a fundação sobre a qual os modelos serão construídos. Elas também possibilitam a aplicação fluida de validação cruzada, tuning de hiperparâmetros e deploy em produção. Cada decisão tomada nesta etapa impacta diretamente nas próximas fases.

CAPÍTULO 3. CONCEITOS FUNDAMENTAIS DE BOOSTING

O entendimento do XGBoost exige a compreensão clara dos conceitos que fundamentam o algoritmo de Boosting. Diferente de outras abordagens como o Bagging, o Boosting se baseia em aprendizado sequencial, no qual cada novo modelo é treinado para corrigir os erros cometidos pelos anteriores. Esse refinamento sucessivo, aliado a estratégias de ponderação e regularização, é o que dá ao XGBoost sua reputação de alta performance. Apresentaremos as diferenças entre Bagging e Boosting, o funcionamento interno do Gradient Boosting e os diferenciais técnicos que tornam o XGBoost superior em diversos cenários de aprendizado supervisionado.

A principal diferença entre Bagging e Boosting está na estratégia de treinamento. Enquanto o Bagging constrói múltiplos modelos independentes em subconjuntos aleatórios do dataset (como no Random Forest), o Boosting constrói modelos de forma sequencial, onde cada modelo novo tenta melhorar a performance do conjunto ao focar nos erros do modelo anterior. Esse processo leva à formação de um comitê de modelos fracos que, combinados, se tornam extremamente poderosos.

Para compreender o impacto dessa diferença, considere que no Bagging o modelo final é uma média ou votação dos resultados de todos os modelos paralelos. Já no Boosting, o modelo final é uma soma ponderada dos preditores sucessivos, cada um ajustado para minimizar os erros remanescentes dos anteriores. No XGBoost, esse ajuste é feito com uma abordagem baseada em gradientes, o que proporciona maior controle e convergência mais rápida.

O Gradient Boosting, que serve de base para o XGBoost, utiliza uma técnica chamada "gradiente descendente funcional". Ao invés de ajustar diretamente os valores preditos, o algoritmo ajusta os resíduos — isto é, a diferença entre o valor verdadeiro e o valor previsto — tentando minimizá-los gradualmente a cada nova árvore.

A cada iteração, o algoritmo constrói uma nova árvore de decisão que tenta prever esses resíduos. Essa árvore é então adicionada ao modelo com um fator de aprendizado (learning rate) que reduz o impacto da nova árvore para evitar overfitting. A sequência é repetida até que um número definido de árvores seja construído ou que o erro de validação pare de diminuir.

Um ciclo de execução do algoritmo envolve:

- Cálculo da perda com base nas previsões atuais

- Cálculo do gradiente da função de perda

- Treinamento de uma nova árvore para prever esse gradiente

- Atualização das previsões com base nos resultados da nova árvore

O processo ocorre em ciclos curtos, mas de maneira extremamente eficaz, resultando em modelos com alta capacidade preditiva.

O XGBoost leva essa lógica a um novo nível ao incorporar diversas otimizações estruturais. Entre os principais diferenciais estão:

- Regularização explícita com penalização L1 (Lasso) e L2 (Ridge)

- Suporte nativo a valores ausentes

- Suporte a paralelização no treinamento de árvores

- Otimização de memória com estruturas de blocos para colunas

- Crescimento de árvore baseado em profundidade máxima e não em número de folhas

- Suporte completo a early stopping, checkpoints e métricas customizadas

As melhorias permitem que o XGBoost entregue modelos altamente precisos, robustos a ruídos e adaptáveis a uma ampla variedade de problemas.

A seguir, é possível observar o funcionamento básico do Gradient Boosting com um código simplificado usando scikit-learn, que compartilha a mesma base conceitual:

python

```
from sklearn.ensemble import GradientBoostingClassifier

from sklearn.datasets import make_classification

from sklearn.model_selection import train_test_split

from sklearn.metrics import accuracy_score


X, y = make_classification(n_samples=1000, n_features=20, random_state=42)

X_train, X_test, y_train, y_test = train_test_split(X, y, test_size=0.2)
```

```
model = GradientBoostingClassifier(n_estimators=100,
learning_rate=0.1, max_depth=3)

model.fit(X_train, y_train)

y_pred = model.predict(X_test)


print("Acurácia:", accuracy_score(y_test, y_pred))
```

No XGBoost, o mesmo procedimento pode ser feito com mais eficiência, controle e melhor gerenciamento da memória:

python

```
from xgboost import XGBClassifier


model = XGBClassifier(n_estimators=100, learning_rate=0.1,
max_depth=3, use_label_encoder=False, eval_metric='logloss')

model.fit(X_train, y_train)

y_pred = model.predict(X_test)


print("Acurácia:", accuracy_score(y_test, y_pred))
```

A vantagem do XGBoost começa a se destacar em datasets maiores, com colunas categóricas complexas, presença de missing values e necessidade de controle detalhado dos parâmetros.

Além disso, o XGBoost oferece métricas adicionais, como AUC, logloss, error, merror, e a possibilidade de monitorar o progresso do treinamento com múltiplos conjuntos de validação:

python

```
eval_set = [(X_train, y_train), (X_test, y_test)]
model.fit(X_train, y_train, eval_set=eval_set,
early_stopping_rounds=10, verbose=True)
```

Tal mecanismo é essencial em ambientes empresariais com múltiplos ciclos de teste e produção.

Ao contrário do Bagging, que não prioriza casos mais difíceis, o Boosting concentra seus esforços em melhorar os pontos onde os modelos anteriores falharam. Isso permite uma aprendizagem mais refinada, mas também mais suscetível a overfitting se não for adequadamente controlada com regularização, validação cruzada e uso criterioso de parâmetros como learning_rate e max_depth.

Entre os parâmetros mais importantes do XGBoost estão:

- n_estimators: **número de árvores a serem construídas**

- learning_rate: **taxa de aprendizado que regula o impacto de cada árvore**

- max_depth: **profundidade máxima das árvores**

- subsample: **porcentagem de amostras utilizadas por árvore**

- colsample_bytree: **porcentagem de colunas usadas em cada árvore**

- reg_alpha e reg_lambda: **controles de regularização L1 e L2**

Os parâmetros são críticos para o controle do viés e da variância do modelo, e devem ser ajustados com cuidado conforme o problema e o volume de dados.

A estrutura sequencial do Boosting tem implicações diretas na execução em ambientes paralelos. Enquanto o Bagging pode ser paralelizado com facilidade, o Boosting exige que cada passo aguarde o término do anterior. Para mitigar isso, o XGBoost implementa paralelização na construção de *splits* dentro de cada árvore, utilizando múltiplos núcleos para encontrar os melhores pontos de divisão simultaneamente.

Além disso, o uso do formato DMatrix otimiza ainda mais o processo ao pré-processar os dados em estruturas binárias de alta performance:

python

```python
import xgboost as xgb


dtrain = xgb.DMatrix(X_train, label=y_train)
dtest = xgb.DMatrix(X_test, label=y_test)


params = {
    'max_depth': 3,
    'eta': 0.1,
    'objective': 'binary:logistic',
    'eval_metric': 'logloss'
}


model = xgb.train(params, dtrain, num_boost_round=100,
evals=[(dtest, 'eval')])
```

Com esse nível de controle, é possível integrar o XGBoost

em pipelines sofisticados com tracking de experimentos, versionamento de modelos, deploy via APIs e monitoramento em tempo real.

Resolução de Erros Comuns

Erro: ValueError: feature names mismatch
Causa: Treinamento e previsão com colunas em ordens diferentes.
Solução: Garantir consistência no pré-processamento e salvar os nomes das features com o modelo.

Erro: Overfitting com alta acurácia no treino e baixa no teste
Causa: Árvores muito profundas ou learning rate muito alto.
Solução: Reduzir max_depth, aplicar early_stopping_rounds, ou reduzir eta.

Erro: Treinamento lento com grandes volumes de dados
Causa: Uso de estruturas padrão ao invés de DMatrix.
Solução: Usar xgb.DMatrix() e configurar paralelização corretamente.

Erro: RuntimeError: GPU device not found
Causa: Parâmetro tree_method='gpu_hist' ativado em máquina sem suporte CUDA.
Solução: Verificar compatibilidade ou usar tree_method='hist'.

Erro: ImportError ao tentar rodar o modelo em produção
Causa: Diferença de versões entre ambientes de desenvolvimento e produção.
Solução: Usar virtualenvs e salvar os ambientes com pip freeze.

Boas Práticas

- Ajustar learning_rate para valores menores e aumentar n_estimators para ganho refinado

- Monitorar múltiplas métricas simultaneamente com o parâmetro eval_metric

- Usar validação cruzada (cross_val_score) sempre que possível para maior robustez

- Evitar uso de One-Hot Encoding em colunas com alta cardinalidade

- Aplicar regularização mesmo em datasets pequenos para maior estabilidade

Resumo Estratégico

Os conceitos de Boosting formam o núcleo do entendimento necessário para dominar o XGBoost. Compreender a diferença fundamental em relação ao Bagging, o funcionamento do Gradient Boosting e as otimizações incorporadas no XGBoost permite aplicar a biblioteca com muito mais confiança e controle. O controle dessas bases teóricas, alinhado ao uso prático de parâmetros e técnicas de controle, define a maturidade do cientista de dados ou engenheiro que busca alta performance em projetos reais. Ao avançar, esse conhecimento permitirá extrair resultados mais precisos, com menor custo computacional e maior alinhamento com objetivos de negócio.

CAPÍTULO 4. INSTALAÇÃO E CONFIGURAÇÃO DO AMBIENTE

A instalação correta do XGBoost e a configuração adequada do ambiente de trabalho são pré-requisitos essenciais para o desenvolvimento de qualquer pipeline com a biblioteca. Problemas de compatibilidade, ausência de dependências e inconsistências em ambientes virtuais podem comprometer todo o fluxo de experimentação e produção. Exploraremos o processo de instalação via pip e conda, a criação de ambientes isolados para garantir reprodutibilidade e os testes fundamentais para validar se o setup está pronto para o uso técnico do XGBoost com alta performance.

A forma mais simples e direta de instalar o XGBoost é por meio do pip, o gerenciador de pacotes padrão do Python. Em sistemas com Python atualizado e compiladores modernos, a instalação padrão geralmente é suficiente:

bash

```
pip install xgboost
```

Em alguns casos, pode ser necessário atualizar o pip para garantir que a versão mais recente do pacote seja acessada:

bash

```
python -m pip install --upgrade pip
```

Após a instalação, é recomendável verificar a versão instalada com o seguinte comando:

python

```
import xgboost
print(xgboost.__version__)
```

Outra abordagem bastante utilizada em ambientes de ciência de dados é a instalação via conda, que lida automaticamente com dependências de bibliotecas nativas e compilação em C++:

bash

```
conda install -c conda-forge xgboost
```

A vantagem do conda é que ele lida melhor com ambientes de GPU e com dependências complexas como libgomp, que são necessárias para o funcionamento interno do XGBoost em ambientes Linux.

Para garantir que diferentes projetos não entrem em conflito devido a versões distintas de bibliotecas, é altamente recomendado criar ambientes isolados utilizando venv ou conda. Abaixo, um exemplo de criação de ambiente com venv:

bash

```
python -m venv xgb_env
source xgb_env/bin/activate # Linux/Mac
xgb_env\Scripts\activate.bat # Windows
pip install xgboost
```

Com o ambiente ativado, todas as bibliotecas instaladas estarão isoladas daquele projeto, o que evita interferências com outros ambientes Python existentes na máquina.

Além disso, é recomendável a instalação de bibliotecas auxiliares para validação do ambiente:

bash

```bash
pip install pandas scikit-learn matplotlib
```

Com as bibliotecas instaladas, o próximo passo é validar se o XGBoost está operando corretamente. A seguir, um código mínimo para teste do funcionamento do modelo:

python

```python
from xgboost import XGBClassifier
from sklearn.datasets import load_iris

X, y = load_iris(return_X_y=True)
model = XGBClassifier(use_label_encoder=False,
eval_metric='mlogloss')
model.fit(X, y)
```

O teste garante que a instalação está funcional e que as dependências como numpy, scikit-learn e compiladores foram reconhecidas corretamente pelo sistema.

Para ambientes com suporte a GPU, o XGBoost pode ser compilado com suporte ao CUDA. No entanto, a instalação padrão via pip não inclui os binários para execução com GPU. Nestes casos, o ideal é usar o conda:

bash

```bash
conda install -c nvidia -c rapidsai -c conda-forge \
    xgboost=1.7.3 \
```

```
python=3.9 \
cudatoolkit=11.2
```

O comando garante que a versão correta da biblioteca esteja alinhada com a versão do driver CUDA da máquina. Após isso, basta configurar o tree_method como gpu_hist ao instanciar o modelo:

python

```
model = XGBClassifier(tree_method='gpu_hist')
```

Outro ponto importante é o uso de bibliotecas para checagem de ambiente e hardware disponível:

python

```
import os
import platform

print("Sistema:", platform.system())
print("CUDA disponível:", 'NVIDIA System Management Interface' in os.popen("nvidia-smi").read())
```

A checagem inicial evita que setups sejam executados em ambientes sem suporte adequado, economizando tempo e evitando falhas silenciosas.

Para equipes que compartilham o ambiente, é fundamental gerar arquivos de requisitos que garantam a reprodutibilidade da instalação:

bash

```
pip freeze > requirements.txt
```

Ou, em ambientes conda:

bash

```
conda env export > environment.yml
```

Os arquivos podem ser utilizados para recriar o ambiente em outra máquina de forma idêntica.

Em pipelines mais avançados, a prática recomendada é encapsular o ambiente dentro de containers com Docker. Um Dockerfile mínimo para XGBoost pode conter:

dockerfile

```
FROM python:3.9
RUN pip install xgboost scikit-learn pandas
```

Assim, o ambiente se torna portátil, escalável e menos sujeito a falhas por divergência de versões.

A configuração correta do ambiente é, portanto, uma etapa estratégica que assegura não só o bom funcionamento do XGBoost, mas também a escalabilidade e a consistência dos projetos que o utilizam.

Resolução de Erros Comuns

Erro: ImportError: libgomp.so.1: cannot open shared object file
Causa: Dependência ausente em sistemas Linux.
Solução: Instalar o pacote libgomp1 via apt ou utilizar conda.

Erro: OSError: [WinError 126] The specified module could not be found
Causa: Falta de compatibilidade de binários no Windows.

Solução: Instalar via conda, que resolve dependências nativas automaticamente.

Erro: ModuleNotFoundError: No module named 'xgboost'
Causa: Biblioteca não instalada ou ambiente virtual não ativado.
Solução: Verificar se o ambiente está ativo e instalar com pip install xgboost.

Erro: ValueError: Invalid tree_method: gpu_hist
Causa: Parâmetro ativado em máquina sem GPU ou sem suporte CUDA.
Solução: Substituir por tree_method='hist' ou instalar XGBoost com suporte CUDA.

Erro: RuntimeError ao tentar importar XGBoost em notebooks
Causa: Ambiente do Jupyter diferente do ambiente do terminal.
Solução: Garantir que o kernel do Jupyter esteja usando o mesmo Python do ambiente virtual.

Boas Práticas

- Utilizar ambientes virtuais isolados com venv ou conda para cada projeto

- Verificar a versão da biblioteca e do Python logo após a instalação

- Instalar bibliotecas auxiliares como scikit-learn, pandas e matplotlib para testes e validação

- Usar arquivos requirements.txt ou environment.yml para garantir reprodutibilidade

- Verificar compatibilidade com GPU antes de configurar tree_method='gpu_hist'

Resumo Estratégico

A instalação correta do XGBoost e a configuração do ambiente formam a base para qualquer projeto técnico consistente com machine learning. Garantir que todas as dependências estejam instaladas, que o ambiente esteja isolado e que os testes iniciais rodem sem erro é a forma mais eficiente de evitar problemas em fases posteriores do pipeline. A aplicação técnica desse processo reduz o tempo de debugging, melhora a colaboração entre times e aumenta a confiabilidade dos resultados. Ao alinhar seu ambiente de desenvolvimento com as exigências da biblioteca, você transforma o XGBoost em um aliado poderoso para entregas de alta performance.

CAPÍTULO 5. TREINAMENTO COM XGBOOST REGRESSOR

O uso do XGBoost para tarefas de regressão permite a construção de modelos robustos e altamente performáticos capazes de prever valores contínuos com precisão. Este modo de aplicação é amplamente utilizado em contextos como previsão de preços, demanda, consumo de energia, avaliação de risco e outros cenários onde a variável-alvo não é categórica, mas sim numérica. Demonstraremos, nesta etapa, a execução básica de um modelo de regressão com XGBoost, incluindo a avaliação por métricas apropriadas e a correta interpretação dos resultados para aplicação prática.

O primeiro passo consiste em carregar os dados e preparar o conjunto de treinamento. Para exemplificação, será utilizado o dataset de preços de casas da biblioteca sklearn, que possui múltiplas variáveis numéricas:

python

```python
from sklearn.datasets import fetch_california_housing

from sklearn.model_selection import train_test_split

from xgboost import XGBRegressor


# Carregamento dos dados
data = fetch_california_housing()

X = data.data
```

```
y = data.target
```

```
# Separação em treino e teste
X_train, X_test, y_train, y_test = train_test_split(X, y,
test_size=0.2, random_state=42)
```

Com os dados prontos, a execução do modelo XGBRegressor pode ser feita com poucos comandos. Abaixo, o código mínimo necessário para treinar e prever com o modelo:

python

```
model = XGBRegressor(n_estimators=100, learning_rate=0.1,
max_depth=3)
model.fit(X_train, y_train)
y_pred = model.predict(X_test)
```

Tal modelo já é funcional e entrega resultados iniciais bastante competitivos. A seguir, é necessário avaliar sua performance com métricas apropriadas para regressão.

As métricas de avaliação mais indicadas em tarefas de regressão são:

- **MSE (Mean Squared Error)**: penaliza fortemente erros grandes

- **RMSE (Root Mean Squared Error)**: valor do erro na mesma escala do alvo

- **MAE (Mean Absolute Error)**: média dos erros absolutos, menos sensível a outliers

- **R^2 Score**: porcentagem da variabilidade explicada pelo modelo

Abaixo, um exemplo de como calcular essas métricas com sklearn:

python

```
from sklearn.metrics import mean_squared_error,
mean_absolute_error, r2_score

import numpy as np


mse = mean_squared_error(y_test, y_pred)

rmse = np.sqrt(mse)

mae = mean_absolute_error(y_test, y_pred)

r2 = r2_score(y_test, y_pred)


print("MSE:", mse)

print("RMSE:", rmse)

print("MAE:", mae)

print("R²:", r2)
```

As métricas fornecem uma visão clara da precisão do modelo. RMSE e MAE, por exemplo, são especialmente úteis quando o objetivo é entender o erro médio em unidades reais (como dólares ou metros quadrados).

A interpretação dos resultados deve considerar o desvio médio absoluto (MAE) e o erro quadrático médio (MSE) em relação à escala da variável-alvo. Um RMSE muito maior que a média do target indica instabilidade ou necessidade de ajuste. Já o

R^2 próximo de 1 indica que o modelo está explicando bem a variabilidade dos dados. R^2 negativos indicam um modelo pior do que simplesmente prever a média.

Além dos valores das métricas, é importante visualizar a distribuição dos erros para identificar padrões de viés. Um gráfico de dispersão entre valores previstos e reais pode revelar se o modelo tende a subestimar ou superestimar em determinadas faixas do target:

python

```python
import matplotlib.pyplot as plt


plt.scatter(y_test, y_pred, alpha=0.3)
plt.xlabel("Valores reais")
plt.ylabel("Previsões")
plt.title("Reais vs Previstos")
plt.show()
```

Esse modo de visualização ajuda a detectar falhas estruturais como heterocedasticidade (variância dos erros crescente), comum em datasets financeiros e de mercado.

Outro ponto de atenção é o comportamento do modelo durante o processo de treinamento. É possível monitorar o erro em tempo real com eval_set e early_stopping_rounds, que interrompe o treino se o modelo não apresentar melhorias:

python

```python
eval_set = [(X_train, y_train), (X_test, y_test)]
model = XGBRegressor(n_estimators=1000,
learning_rate=0.05)
model.fit(X_train, y_train, early_stopping_rounds=20,
```

```
eval_set=eval_set, verbose=True)
```

Assim, não apenas economiza-se tempo de treino como evita overfitting. Quando o erro no conjunto de validação começa a subir enquanto o de treino continua caindo, o modelo está aprendendo demais os padrões do treino e generalizando mal para novos dados.

A regressão com XGBoost permite ajuste fino por meio de hiperparâmetros como:

- n_estimators: número de árvores

- learning_rate: define o tamanho dos passos de correção

- max_depth: profundidade máxima das árvores

- subsample: proporção de linhas usadas por árvore

- colsample_bytree: proporção de colunas utilizadas por árvore

- gamma: penalização para splits com ganho pequeno

- reg_alpha e reg_lambda: controle de regularização L1 e L2

Os parâmetros devem ser ajustados com base em experimentos e validação cruzada, usando GridSearchCV ou RandomizedSearchCV, abordagens que serão aprofundadas em capítulos seguintes.

Também é possível salvar e recarregar o modelo treinado para uso posterior, utilizando joblib:

python

```
import joblib
```

```
joblib.dump(model, 'modelo_xgb.pkl')
modelo_carregado = joblib.load('modelo_xgb.pkl')
```

É essencial em pipelines reais, nos quais o modelo será utilizado em múltiplos momentos e ambientes, inclusive em produção.

A construção de modelos de regressão com XGBoost exige não apenas um bom ajuste dos hiperparâmetros, mas também uma análise crítica das métricas de avaliação e do comportamento do modelo. O uso de visualizações auxiliares, validação cruzada e interrupção antecipada do treinamento são estratégias fundamentais para garantir robustez.

Resolução de Erros Comuns

Erro: ValueError: could not convert string to float
Causa: Dados categóricos não codificados antes do treinamento.
Solução: Aplicar Label Encoding ou One-Hot Encoding para colunas categóricas.

Erro: Model performance muito baixa (R^2 negativo)
Causa: Variável-alvo mal distribuída ou sem relação clara com as features.
Solução: Reavaliar feature engineering, normalizar os dados e testar novos atributos derivados.

Erro: Modelo com RMSE muito maior que a média do target
Causa: Outliers extremos afetando o erro quadrático.
Solução: Aplicar tratamento de outliers ou utilizar MAE como métrica principal.

Erro: O modelo parou de melhorar mesmo aumentando o número de árvores
Causa: Learning rate alto ou overfitting precoce.
Solução: Reduzir learning_rate, aplicar early_stopping_rounds e aumentar n_estimators.

Erro: Cannot cast array data from dtype('O') to dtype('float64')

Causa: Presença de objetos não numéricos ou strings em colunas do dataset.

Solução: Verificar tipos com df.dtypes e converter corretamente antes do treinamento.

Boas Práticas

- Usar XGBRegressor com early_stopping_rounds para evitar overfitting

- Avaliar o modelo com múltiplas métricas: RMSE, MAE e R^2

- Visualizar erros com gráficos de dispersão entre valores reais e previstos

- Ajustar learning_rate para valores baixos e aumentar n_estimators gradualmente

- Monitorar as curvas de erro com eval_set para entender o comportamento do modelo

Resumo Estratégico

O treinamento com XGBRegressor representa uma das aplicações mais diretas e potentes do XGBoost para problemas com variáveis-alvo numéricas. Com poucos comandos, é possível treinar modelos que superam regressões lineares e até redes neurais em diversos contextos. A chave do sucesso está no alinhamento entre os dados bem preparados, os hiperparâmetros ajustados e a avaliação contínua da performance. A base sólida de regressão servirá de suporte para integrações mais avançadas com pipelines de produção, análises multivariadas e aplicações em séries temporais.

CAPÍTULO 6. CLASSIFICAÇÃO COM XGBOOST CLASSIFIER

A classificação binária é uma das aplicações mais frequentes do XGBoost em projetos de machine learning. Identificar se um cliente vai ou não cancelar um serviço, se uma transação é fraudulenta ou não, ou se um e-mail é spam ou legítimo são exemplos de tarefas binárias que exigem modelos precisos, escaláveis e com boa interpretabilidade. O XGBoost Classifier oferece recursos avançados para esse tipo de problema, incluindo suporte a métricas customizadas, ajuste fino de thresholds de decisão e visualização da curva ROC com AUC. Apresentaremos, neste módulo, a construção de um modelo de classificação binária com XGBoost, avaliação baseada em probabilidade e controle do ponto de corte de decisão.

A estrutura inicial de um problema de classificação binária com XGBoost segue o mesmo padrão básico de preparação de dados. Supondo um dataset com rótulos 0 e 1, inicia-se a separação entre variáveis preditoras e a variável alvo:

python

```python
from sklearn.model_selection import train_test_split
from sklearn.datasets import load_breast_cancer
from xgboost import XGBClassifier


# Carregamento dos dados
data = load_breast_cancer()
```

```
X = data.data
y = data.target
```

```
# Separação em treino e teste
X_train, X_test, y_train, y_test = train_test_split(X, y,
test_size=0.3, random_state=42)
```

Com os dados separados, a criação do modelo é direta e altamente configurável. A seguir, um modelo com parâmetros mínimos, prontos para uma primeira rodada de treino:

python

```
model = XGBClassifier(use_label_encoder=False,
eval_metric='logloss')

model.fit(X_train, y_train)
```

A avaliação da classificação binária com XGBoost deve sempre considerar a natureza probabilística da saída. Por padrão, o método .predict() retorna classes 0 ou 1, baseadas no threshold padrão de 0.5. Para uma análise mais detalhada, o uso de .predict_proba() permite visualizar a probabilidade da classe positiva para cada observação:

python

```
y_proba = model.predict_proba(X_test)[:, 1]
```

A partir dessa probabilidade, pode-se ajustar o ponto de corte do modelo de acordo com o contexto do problema. Em cenários com forte desequilíbrio entre classes ou custos diferentes para falsos positivos e falsos negativos, o threshold pode ser calibrado manualmente:

python

```
import numpy as np


threshold = 0.3
y_pred_adjusted = (y_proba >= threshold).astype(int)
```

A escolha de um threshold menor que 0.5 aumenta a sensibilidade (recall) às custas da precisão. Essa calibração é especialmente útil em áreas como saúde, finanças e segurança, onde errar para menos é mais custoso do que errar para mais.

A visualização da curva ROC (Receiver Operating Characteristic) e o cálculo da área sob essa curva (AUC – Area Under the Curve) são ferramentas padrão para avaliação da performance global do classificador:

python

```
from sklearn.metrics import roc_curve, auc
import matplotlib.pyplot as plt


fpr, tpr, _ = roc_curve(y_test, y_proba)
roc_auc = auc(fpr, tpr)


plt.plot(fpr, tpr, label=f'ROC Curve (AUC = {roc_auc:.2f})')
plt.plot([0, 1], [0, 1], linestyle='--', color='gray')
plt.xlabel('Falso Positivo')
plt.ylabel('Verdadeiro Positivo')
plt.title('Curva ROC')
```

```
plt.legend()
plt.show()
```

Quanto mais a curva ROC se aproxima do canto superior esquerdo, melhor o desempenho do modelo. AUC próximos a 1 indicam excelente separação entre as classes.

Além da curva ROC, outras métricas úteis incluem:

- Precisão (Precision): proporção de acertos entre os positivos previstos

- Revocação (Recall): proporção de verdadeiros positivos identificados

- F1 Score: média harmônica entre precisão e recall

- Matriz de Confusão: visualização completa dos acertos e erros

Essas métricas podem ser facilmente extraídas com sklearn:

python

```
from sklearn.metrics import classification_report,
confusion_matrix


print(classification_report(y_test, y_pred_adjusted))
print(confusion_matrix(y_test, y_pred_adjusted))
```

Para projetos com dados desbalanceados, o uso de scale_pos_weight pode melhorar a performance. Esse parâmetro ajusta o peso da classe minoritária durante o treino:

python

```
model = XGBClassifier(use_label_encoder=False,
eval_metric='logloss', scale_pos_weight=2)

model.fit(X_train, y_train)
```

A escolha do valor ideal para scale_pos_weight deve considerar a razão entre o número de instâncias negativas e positivas. Isso melhora a sensibilidade sem aumentar drasticamente os falsos positivos.

É possível também utilizar early_stopping_rounds para interromper o treinamento automaticamente ao detectar overfitting:

python

```
eval_set = [(X_test, y_test)]

model.fit(X_train, y_train, eval_set=eval_set,
early_stopping_rounds=10, verbose=True)
```

O mecanismo descrito, permite que o XGBoost pare quando o erro de validação deixar de melhorar, evitando excesso de iterações e desgaste de recursos computacionais.

Em ambientes mais controlados, recomenda-se o uso de validação cruzada para avaliar a estabilidade do modelo. Isso pode ser feito com cross_val_score ou StratifiedKFold para manter a proporção entre classes:

python

```
from sklearn.model_selection import StratifiedKFold,
cross_val_score

kfold = StratifiedKFold(n_splits=5, shuffle=True,
```

```
random_state=42)
scores = cross_val_score(model, X, y, cv=kfold,
scoring='roc_auc')
print("AUC médio:", np.mean(scores))
```

Tal modeo de validação fornece uma visão mais robusta do desempenho geral, evitando interpretações equivocadas com base em uma única partição dos dados.

O XGBoost Classifier também oferece recursos para interpretar o modelo por meio da importância das variáveis. O atributo feature_importances_ mostra a contribuição relativa de cada feature na decisão final:

python

```
importances = model.feature_importances_
for name, importance in zip(data.feature_names, importances):
    print(f'{name}: {importance:.4f}')
```

A análise dessas importâncias pode servir de guia para refinar o modelo, eliminar variáveis redundantes e entender melhor o comportamento do sistema.

Resolução de Erros Comuns

Erro: ValueError: y contains previously unseen labels
Causa: Coluna de saída com valores diferentes entre treino e teste.
Solução: Verificar se os valores únicos da variável-alvo estão consistentes. Aplicar .unique() para conferência.

Erro: Predições com somente uma classe
Causa: Dataset altamente desbalanceado ou threshold mal calibrado.

Solução: Ajustar o parâmetro scale_pos_weight e revisar o threshold de corte.

Erro: Curva ROC muito próxima da linha de referência
Causa: Modelo incapaz de separar as classes, provavelmente por falta de sinal nas variáveis.
Solução: Reavaliar a engenharia de features e explorar variáveis transformadas.

Erro: Métrica AUC inconsistente com precisão observada
Causa: AUC avalia separação geral, enquanto precisão depende do threshold.
Solução: Calibrar o ponto de corte conforme a necessidade do problema e observar o impacto nas métricas.

Erro: ConfusionMatrix com FP ou FN muito altos
Causa: Threshold fixo inadequado ao custo do problema.
Solução: Utilizar predict_proba() e ajustar o cutoff conforme o contexto de negócio.

Boas Práticas

- Utilizar predict_proba() para decisões mais refinadas e calibradas

- Calcular múltiplas métricas (Precision, Recall, F1, AUC) para avaliação holística

- Ajustar scale_pos_weight em datasets desbalanceados para dar peso à classe minoritária

- Visualizar a curva ROC para entender a capacidade discriminatória do modelo

- Usar validação cruzada com StratifiedKFold para maior confiabilidade dos resultados

Resumo Estratégico

A classificação binária com XGBoost oferece um dos melhores desempenhos disponíveis na engenharia de modelos supervisionados. Com flexibilidade para ajustar thresholds, suporte a métricas probabilísticas e recursos nativos para lidar com desbalanceamento, o XGBClassifier é uma ferramenta essencial em pipelines críticos de decisão. Compreender como ajustar o modelo, calibrar a probabilidade e interpretar a saída com base em curvas e métricas garante não apenas performance técnica, mas também confiabilidade operacional em ambientes de produção.

CAPÍTULO 7. IMPORTÂNCIA DAS FEATURES

O XGBoost oferece mecanismos nativos para calcular e visualizar a importância das variáveis em modelos treinados, permitindo decisões informadas sobre engenharia de atributos, seleção de variáveis e explicabilidade do modelo. A análise da importância das features é fundamental em aplicações que exigem transparência, como crédito, saúde e compliance. Demonstraremos como extrair, interpretar e visualizar os três principais critérios de importância utilizados pelo XGBoost — gain, cover e frequency — além de estratégias para identificar e remover variáveis redundantes, fortalecendo a performance e a interpretabilidade do modelo.

Após o treinamento do modelo com XGBClassifier ou XGBRegressor, é possível acessar diretamente os valores de importância das variáveis:

python

```
model = XGBClassifier(use_label_encoder=False, eval_metric='logloss')

model.fit(X_train, y_train)

importances = model.get_booster().get_score(importance_type='gain')
```

O parâmetro importance_type define o critério utilizado. São três opções principais:

- **Gain**: ganho médio de informação obtido quando a variável é usada para uma divisão.

- **Cover**: número médio de amostras cobertas pelas divisões da variável.

- **Frequency** (ou weight): quantidade de vezes que a variável foi usada nas divisões.

Tais medidas oferecem perspectivas diferentes. O gain é mais indicativo da contribuição real para a melhoria da árvore. O cover ajuda a entender o alcance da variável. A frequência pode ser enviesada por variáveis com muitos valores discretos.

É possível listar todas as importâncias diretamente:

python

```
gain = model.get_booster().get_score(importance_type='gain')

cover =
model.get_booster().get_score(importance_type='cover')

freq =
model.get_booster().get_score(importance_type='weight')
```

A visualização das importâncias é feita com a função plot_importance, da própria biblioteca:

python

```
from xgboost import plot_importance

import matplotlib.pyplot as plt


plot_importance(model, importance_type='gain', title='Feature
Importance - Gain')
```

```
plt.show()
```

Essa abordagem gera um gráfico ordenado com as variáveis mais relevantes no topo. O tipo de importância pode ser alternado conforme o objetivo da análise.

Outro formato útil é o gráfico de barras manual, para maior personalização:

python

```
import pandas as pd


importancia_df = pd.DataFrame(gain.items(),
columns=['Feature', 'Gain'])
importancia_df = importancia_df.sort_values(by='Gain',
ascending=False)


plt.barh(importancia_df['Feature'], importancia_df['Gain'])
plt.xlabel('Ganho de Informação')
plt.title('Importância das Features - Gain')
plt.gca().invert_yaxis()
plt.show()
```

A análise da importância pode indicar variáveis que estão sendo subutilizadas ou que não têm impacto real no modelo. Nesses casos, recomenda-se sua exclusão, desde que a decisão seja validada por métricas pós-treinamento.

A eliminação de variáveis deve seguir uma abordagem criteriosa. A simples exclusão de features pouco utilizadas pode resultar em perda de performance se houver interação entre variáveis.

O ideal é realizar testes com diferentes subconjuntos e avaliar o impacto nas métricas.

É possível realizar a exclusão manual com base em um limiar mínimo:

python

```
limiar = 0.01

features_relevantes = [f for f, g in gain.items() if g > limiar]

X_train_filtrado = pd.DataFrame(X_train,
columns=feature_names)[features_relevantes]

X_test_filtrado = pd.DataFrame(X_test,
columns=feature_names)[features_relevantes]
```

O processo pode ser iterado com GridSearchCV ou validação cruzada, mantendo a performance estável e o modelo mais enxuto.

Outra forma avançada de análise é utilizar bibliotecas de interpretabilidade como SHAP (SHapley Additive exPlanations), que oferecem explicações locais e globais da importância de cada variável para predições individuais:

python

```
import shap


explainer = shap.Explainer(model)
shap_values = explainer(X_test)


shap.plots.beeswarm(shap_values)
```

O gráfico beeswarm mostra a distribuição do impacto de cada

variável, incluindo sinal (positivo ou negativo) e magnitude. Essa abordagem é ideal quando se deseja justificar a decisão do modelo para um indivíduo específico, como num score de crédito.

Além disso, o uso do SHAP pode revelar variáveis que têm importância global baixa, mas impacto local elevado — úteis para segmentações ou recomendações personalizadas.

Para projetos em produção, recomenda-se a criação de pipelines de análise de importância automática, com logging dos valores de gain ao longo de diferentes ciclos de treino, permitindo auditoria e rastreabilidade.

Resolução de Erros Comuns

Erro: KeyError ao acessar nomes de features
Causa: O modelo foi treinado com NumPy arrays sem nomes de colunas.
Solução: Utilizar pandas.DataFrame com nomes de colunas ou mapear manualmente os índices para nomes.

Erro: Todas as importâncias retornam valores muito baixos
Causa: Dataset com alto nível de ruído ou variáveis não informativas.
Solução: Realizar análise de correlação, remover colunas constantes ou irrelevantes.

Erro: Gráfico de importância não exibe nenhuma feature
Causa: Modelo não treinado ou importâncias não atualizadas.
Solução: Verificar se model.fit() foi executado corretamente antes da extração.

Erro: Interpretação errada da importância por frequência
Causa: Uso da métrica 'weight' sem considerar a qualidade da divisão.
Solução: Priorizar a métrica 'gain' para avaliar o real impacto das features.

Erro: Exclusão de variáveis causando queda de performance

Causa: Remoção de variáveis com sinergia entre si.
Solução: Validar a eliminação com múltiplas métricas e reavaliar a engenharia de features.

Boas Práticas

- Priorizar a métrica 'gain' para decisões sobre remoção de variáveis

- Visualizar diferentes tipos de importância para obter visão completa

- Utilizar plot_importance() e gráficos personalizados para análise técnica

- Evitar exclusões manuais sem validação cruzada e checagem de performance

- Integrar SHAP para interpretações explicativas em projetos sensíveis

Resumo Estratégico

A análise da importância das variáveis em modelos XGBoost é uma etapa essencial para garantir interpretabilidade, eficiência e robustez. Utilizar métricas como gain, cover e frequency permite ao desenvolvedor entender como o modelo está tomando decisões, identificar variáveis irrelevantes e refinar o conjunto de atributos para novos ciclos de treinamento. Ferramentas como SHAP ampliam a capacidade de explicação, reforçando a confiança do negócio nas previsões geradas. Um modelo que entende as próprias decisões é não só mais eficiente, mas também mais defensável em ambientes regulatórios e operacionais.

CAPÍTULO 8. CONTROLE DE OVERFITTING

O XGBoost, apesar de ser uma das bibliotecas mais poderosas para machine learning, também é suscetível ao overfitting — quando o modelo aprende demais os padrões do conjunto de treino e perde a capacidade de generalização para novos dados. O controle desse fenômeno é essencial para obter modelos estáveis, eficientes e confiáveis. Apresentaremos as principais estratégias de mitigação de overfitting dentro do ecossistema XGBoost, com foco em early stopping, regularização L1 e L2, e técnicas eficazes de validação cruzada que asseguram a robustez do pipeline de machine learning.

Uma das maneiras mais diretas e eficazes de controlar o overfitting em XGBoost é utilizando o parâmetro early_stopping_rounds, que interrompe o treinamento assim que o modelo para de melhorar em um conjunto de validação. Isso evita que o algoritmo continue se ajustando excessivamente aos dados de treino.

python

```python
from sklearn.model_selection import train_test_split
from xgboost import XGBClassifier


X_train_full, X_valid, y_train_full, y_valid = train_test_split(X, y, test_size=0.3, random_state=42)
```

```
model = XGBClassifier(n_estimators=500, learning_rate=0.05,
use_label_encoder=False, eval_metric='logloss')
model.fit(
    X_train_full, y_train_full,
    early_stopping_rounds=20,
    eval_set=[(X_valid, y_valid)],
    verbose=False
)
```

Ao utilizar esse parâmetro, o modelo interrompe o treinamento quando a métrica monitorada no conjunto de validação não melhora por 20 rodadas consecutivas. Isso reduz o tempo de treino, economiza recursos computacionais e melhora a capacidade de generalização do modelo.

Outro mecanismo de controle eficiente é o uso da regularização L1 e L2. Essas técnicas penalizam a complexidade do modelo, limitando sua capacidade de se ajustar demais aos dados. No XGBoost, os parâmetros reg_alpha (**L1**) e reg_lambda (**L2**) permitem esse controle de forma direta:

python

```
model = XGBClassifier(
    n_estimators=300,
    learning_rate=0.1,
    max_depth=5,
    reg_alpha=0.5,  # Regularização L1
    reg_lambda=1.0,  # Regularização L2
    use_label_encoder=False,
```

```
    eval_metric='logloss'
)
model.fit(X_train_full, y_train_full)
```

A regularização L1 força os coeficientes menos relevantes a se tornarem zero, promovendo uma forma implícita de seleção de variáveis. Já a L2 suaviza os coeficientes extremos, favorecendo modelos mais simples e generalistas.

Os parâmetros devem ser ajustados com base em experimentação, preferencialmente combinados com validação cruzada para garantir estabilidade dos resultados.

A validação cruzada é outra técnica essencial no combate ao overfitting. Ao dividir os dados em múltiplos blocos (folds) e testar o modelo em cada um deles, obtém-se uma medida confiável de sua capacidade preditiva. No XGBoost, a validação cruzada pode ser feita com cross_val_score ou com a função nativa xgb.cv:

python

```
import xgboost as xgb
from sklearn.model_selection import StratifiedKFold


dtrain = xgb.DMatrix(X, label=y)
params = {
    'max_depth': 4,
    'eta': 0.1,
    'objective': 'binary:logistic',
    'eval_metric': 'auc',
    'reg_alpha': 0.5,
```

```
    'reg_lambda': 1.0
}


cv_result = xgb.cv(
    params=params,
    dtrain=dtrain,
    num_boost_round=200,
    nfold=5,
    early_stopping_rounds=15,
    seed=42,
    as_pandas=True
)
print(cv_result)
```

A abordagem descrita, retorna as métricas de cada rodada de validação, permitindo detectar o ponto exato em que o modelo atinge sua melhor performance antes de sobreajustar. A combinação de xgb.cv com early_stopping_rounds oferece um mecanismo poderoso de diagnóstico.

Além disso, a escolha dos hiperparâmetros também impacta diretamente no risco de overfitting. Parâmetros que aumentam a complexidade do modelo devem ser ajustados com cautela:

- max_depth: quanto maior, maior a chance de overfitting

- min_child_weight: valores maiores reduzem divisões em regiões pequenas

- subsample: controla a proporção de linhas utilizadas por

árvore

- colsample_bytree: **controla a proporção de colunas utilizadas**

- gamma: **exige ganho mínimo para permitir divisão**

Ajustar esses parâmetros de forma equilibrada é crucial para limitar a complexidade sem comprometer a capacidade preditiva.

É possível também visualizar o comportamento do modelo ao longo das iterações com o log de evals_result:

python

```python
model = XGBClassifier(n_estimators=200, eval_metric='logloss', use_label_encoder=False)
eval_set = [(X_train_full, y_train_full), (X_valid, y_valid)]

model.fit(
    X_train_full, y_train_full,
    eval_set=eval_set,
    early_stopping_rounds=20,
    verbose=False
)

results = model.evals_result()
import matplotlib.pyplot as plt

epochs = len(results['validation_0']['logloss'])
```

```
x_axis = range(0, epochs)


plt.plot(x_axis, results['validation_0']['logloss'], label='Treino')
plt.plot(x_axis, results['validation_1']['logloss'],
label='Validação')
plt.xlabel('Iterações')
plt.ylabel('Log Loss')
plt.legend()
plt.title('Log Loss por Iteração')
plt.show()
```

O gráfico permite avaliar visualmente o ponto em que o modelo começa a sobreajustar os dados de treino, tornando evidente o benefício do early stopping.

Outra recomendação prática é limitar o número de estimadores (n_estimators) quando learning_rate for alto. Inversamente, quando learning_rate for baixo, o número de árvores pode ser aumentado sem comprometer a generalização, desde que early_stopping_rounds esteja ativo.

Por fim, é importante lembrar que o overfitting pode estar relacionado à qualidade do dataset. Features altamente correlacionadas, datasets muito pequenos, ou com ruído elevado, podem amplificar o risco mesmo com as técnicas de controle aplicadas.

Resolução de Erros Comuns

Erro: Overfitting detectado pelas métricas de validação
Causa: Número de estimadores muito alto ou ausência de regularização.
Solução: Ativar early_stopping_rounds, ajustar learning_rate,

reg_alpha e reg_lambda.

Erro: Valor de logloss no treino muito menor que na validação
Causa: Modelo memorizando o conjunto de treino.
Solução: Reduzir max_depth, aplicar subsample e validar com xgb.cv.

Erro: Erro elevado ao usar o modelo em novos dados
Causa: Falta de validação cruzada durante o ajuste.
Solução: Utilizar cross_val_score ou xgb.cv com múltiplos folds.

Erro: Early stopping não é ativado mesmo sem melhoria visível
Causa: early_stopping_rounds configurado, mas eval_set não foi definido.
Solução: Definir explicitamente o conjunto de validação no método .fit().

Erro: Diminuição da performance ao ativar regularização
Causa: Penalização excessiva do modelo.
Solução: Ajustar os valores de reg_alpha e reg_lambda de forma progressiva.

Boas Práticas

- Ativar early_stopping_rounds sempre que possível com eval_set

- Aplicar xgb.cv para validar estabilidade do modelo com múltiplos folds

- Controlar max_depth, min_child_weight e gamma para limitar a complexidade

- Ajustar reg_alpha e reg_lambda para evitar overfitting sem eliminar a capacidade preditiva

- Visualizar a curva de logloss para identificar o ponto ideal de parada

Resumo Estratégico

O controle de overfitting em modelos XGBoost é um diferencial decisivo na entrega de soluções estáveis e escaláveis. Utilizar early stopping, regularização e validação cruzada garante que os modelos mantenham alta performance sem comprometer a capacidade de generalização. Mais do que evitar erros, essas técnicas formam a base de um ciclo de modelagem profissional e previsível, pronto para ser integrado em sistemas de produção, pipelines automatizados e aplicações com alto nível de exigência.

CAPÍTULO 9. HIPERPARÂMETROS ESSENCIAIS

A performance de qualquer modelo baseado em XGBoost está fortemente atrelada à configuração de seus hiperparâmetros. Definir corretamente os valores de n_estimators, learning_rate, max_depth e outros parâmetros críticos é determinante para alcançar equilíbrio entre desempenho preditivo, robustez e custo computacional. Analisaremos os hiperparâmetros mais relevantes do XGBoost, explicando seus impactos diretos no comportamento do modelo, os trade-offs envolvidos e como conduzir ajustes manuais e automáticos com segurança e eficiência.

O número de estimadores (n_estimators) representa a quantidade total de árvores que serão treinadas de forma sequencial. Cada árvore contribui incrementalmente para a melhoria do modelo, corrigindo os erros da árvore anterior. Em geral, valores maiores permitem maior capacidade preditiva, desde que combinados com um learning_rate proporcionalmente menor para evitar overfitting:

python

```
from xgboost import XGBClassifier


modelo = XGBClassifier(n_estimators=500, learning_rate=0.05,
use_label_encoder=False, eval_metric='logloss')
modelo.fit(X_train, y_train)
```

Um modelo com muitos estimadores e learning_rate alto tende a sobreajustar rapidamente os dados. Por isso, n_estimators deve ser sempre calibrado em conjunto com learning_rate.

O learning_rate controla o quão fortemente cada nova árvore influencia na predição final. Valores baixos exigem mais árvores para convergência, mas oferecem maior estabilidade e menor risco de overfitting. Valores altos aceleram o aprendizado, mas podem resultar em modelos instáveis e superajustados:

python

```
modelo = XGBClassifier(n_estimators=100, learning_rate=0.3,
use_label_encoder=False)

modelo.fit(X_train, y_train)
```

Em aplicações reais, valores entre 0.01 e 0.3 são os mais utilizados. Quando combinado com early_stopping_rounds, é possível testar learning_rate menores com segurança, permitindo que o modelo pare automaticamente ao atingir a melhor performance.

O max_depth determina a profundidade máxima permitida para cada árvore. Árvores mais profundas conseguem capturar padrões complexos, mas também tendem a memorizar os dados. Árvores rasas são mais generalistas, porém menos expressivas. A escolha do valor ideal depende da complexidade do dataset e da presença de interações não-lineares entre variáveis:

python

```
modelo = XGBClassifier(max_depth=6, n_estimators=200,
learning_rate=0.1)

modelo.fit(X_train, y_train)
```

Para dados tabulares comuns, valores entre 3 e 10 são considerados estáveis. Acima disso, a chance de overfitting cresce exponencialmente. O uso de min_child_weight e gamma também auxilia na regularização de árvores muito profundas.

Além dos três parâmetros centrais, o XGBoost disponibiliza vários outros hiperparâmetros que afetam diretamente o comportamento do modelo:

- subsample: porcentagem de linhas usadas por árvore. Reduz overfitting.

- colsample_bytree: porcentagem de colunas usadas por árvore. Controla diversidade.

- min_child_weight: número mínimo de amostras por folha. Evita divisões em regiões pequenas.

- gamma: ganho mínimo necessário para realizar uma divisão. Penaliza splits irrelevantes.

- reg_alpha e reg_lambda: pesos de regularização L1 e L2.

Os parâmetros atuam como estabilizadores do modelo, promovendo árvores mais simples e previsões menos sujeitas a flutuações.

O ajuste manual dos hiperparâmetros pode ser realizado de forma iterativa, combinando experimentação com conhecimento do problema. Abaixo, um exemplo prático de tuning progressivo:

python

```
# Etapa 1: reduzir overfitting com regularização
modelo = XGBClassifier(
```

```
    max_depth=6,

    learning_rate=0.1,

    n_estimators=500,

    subsample=0.8,

    colsample_bytree=0.8,

    reg_alpha=0.5,

    reg_lambda=1.0
)
modelo.fit(X_train, y_train)
```

A configuração já estabelece um modelo mais estável. A partir desse ponto, pode-se fazer pequenos ajustes e avaliar os impactos com validação cruzada.

Para projetos mais exigentes, o uso de tuning automático é indicado. As duas abordagens mais comuns são o GridSearchCV e o RandomizedSearchCV do scikit-learn. O GridSearch testa todas as combinações possíveis, enquanto o RandomizedSearch seleciona combinações aleatórias dentro de um espaço definido, sendo mais eficiente em datasets grandes:

python

```
from sklearn.model_selection import GridSearchCV


param_grid = {
    'max_depth': [3, 5, 7],
    'learning_rate': [0.01, 0.05, 0.1],
    'n_estimators': [100, 200, 500]
}
```

```
modelo_base = XGBClassifier(use_label_encoder=False,
eval_metric='logloss')
grid = GridSearchCV(modelo_base, param_grid,
scoring='roc_auc', cv=3, verbose=1)
grid.fit(X_train, y_train)
print("Melhores parâmetros:", grid.best_params_)
```

Para economizar tempo e computação, o RandomizedSearchCV **pode ser usado com** n_iter=10 **para testar 10 combinações aleatórias:**

python

```
from sklearn.model_selection import RandomizedSearchCV
from scipy.stats import randint, uniform

param_dist = {
    'max_depth': randint(3, 10),
    'learning_rate': uniform(0.01, 0.2),
    'n_estimators': randint(100, 500)
}

random_search = RandomizedSearchCV(modelo_base,
param_dist, n_iter=10, scoring='roc_auc', cv=3, verbose=1)
random_search.fit(X_train, y_train)
```

O processo automatizado economiza tempo e ajuda a identificar

combinações que não seriam testadas manualmente.

O uso dessas ferramentas deve sempre ser acompanhado por validação cruzada e verificação das métricas com dados separados para evitar overfitting durante o tuning.

Após o ajuste, o modelo pode ser reavaliado em conjunto de teste e integrado ao pipeline completo, com métricas claras de desempenho e configurações reprodutíveis.

Resolução de Erros Comuns

Erro: Overfitting mesmo com regularização ativada
Causa: max_depth ou learning_rate mal calibrados.
Solução: Reduzir max_depth e testar learning_rate menor com n_estimators maior.

Erro: Modelo muito lento para treinar
Causa: Número elevado de estimadores sem early stopping.
Solução: Ativar early_stopping_rounds e monitorar métricas de validação.

Erro: RandomizedSearchCV retornando modelos ruins
Causa: Espaço de busca mal definido ou número de iterações muito baixo.
Solução: Ampliar n_iter e ajustar as faixas de parâmetros com base em testes prévios.

Erro: GridSearchCV demora horas para finalizar
Causa: Muitas combinações de parâmetros e folds altos.
Solução: Reduzir o espaço de busca ou usar RandomizedSearchCV.

Erro: Parâmetros ajustados causam queda de performance no conjunto de teste
Causa: Sobreajuste ao conjunto de treino durante o tuning.
Solução: Avaliar performance com cross_val_score e reservar um conjunto de validação externo.

Boas Práticas

- Ajustar learning_rate para valores baixos e aumentar n_estimators proporcionalmente

- Limitar max_depth entre 3 e 7 em dados tabulares comuns

- Utilizar subsample e colsample_bytree para diversificar as árvores

- Ativar early_stopping_rounds sempre que possível para evitar ciclos desnecessários

- Usar tuning automático com validação cruzada para ajustes finos e eficientes

Resumo Estratégico

Os hiperparâmetros do XGBoost são o ponto de controle mais poderoso para transformar um modelo básico em uma solução de alto desempenho. Entender o impacto direto de cada parâmetro, aplicar ajustes progressivos e combinar validação cruzada com tuning automático garante resultados consistentes e confiáveis. O equilíbrio entre expressividade e generalização é o que separa um modelo estável de uma solução volátil. O conhecimento técnico dessas configurações fortalece a base técnica de qualquer cientista de dados ou engenheiro de machine learning, permitindo entregas com precisão, eficiência e previsibilidade.

CAPÍTULO 10. OTIMIZAÇÃO COM GRIDSEARCHCV

A busca pela configuração ideal de hiperparâmetros é uma etapa crítica na modelagem com XGBoost. O GridSearchCV, disponível na biblioteca scikit-learn, permite automatizar esse processo de forma sistemática e reprodutível. Ele avalia todas as combinações possíveis de um conjunto pré-definido de parâmetros, utilizando validação cruzada para medir a performance de cada configuração. Este capítulo apresenta a integração completa entre o XGBoost e o GridSearchCV, incluindo o uso em pipelines com pré-processamento e a definição de métricas customizadas para otimizar o modelo segundo critérios específicos do problema.

A base para o uso do GridSearchCV é a compatibilidade entre o XGBClassifier ou XGBRegressor e a API do scikit-learn. Isso permite integrá-los diretamente em buscas automatizadas:

python

```
from xgboost import XGBClassifier

from sklearn.model_selection import GridSearchCV


model = XGBClassifier(use_label_encoder=False,
eval_metric='logloss')


param_grid = {
    'max_depth': [3, 5, 7],
```

```python
    'learning_rate': [0.01, 0.05, 0.1],
    'n_estimators': [100, 200]
}
```

```python
grid_search = GridSearchCV(model, param_grid, scoring='roc_auc', cv=3, verbose=1)
grid_search.fit(X_train, y_train)
```

O param_grid define o espaço de busca, enquanto scoring determina a métrica de avaliação e cv o número de folds de validação cruzada. O parâmetro verbose controla o nível de detalhamento no terminal durante a execução.

Após o ajuste, é possível acessar os melhores parâmetros e o modelo ajustado diretamente:

python

```python
print("Melhores parâmetros:", grid_search.best_params_)
melhor_modelo = grid_search.best_estimator_
```

Em projetos reais, raramente os dados chegam prontos para o modelo. É comum precisar aplicar transformações como encoding, normalização e imputação de valores ausentes. O Pipeline do scikit-learn permite encadear essas etapas com o modelo final, facilitando tanto a reprodutibilidade quanto a integração com o GridSearchCV.

python

```python
from sklearn.pipeline import Pipeline
from sklearn.preprocessing import StandardScaler
from sklearn.impute import SimpleImputer
```

```
pipeline = Pipeline([
    ('imputer', SimpleImputer(strategy='mean')),
    ('scaler', StandardScaler()),
    ('xgb', XGBClassifier(use_label_encoder=False,
eval_metric='logloss'))
])

param_grid = {
    'xgb__max_depth': [3, 5],
    'xgb__learning_rate': [0.1, 0.05],
    'xgb__n_estimators': [100, 200]
}

grid = GridSearchCV(pipeline, param_grid, scoring='roc_auc',
cv=3)
grid.fit(X_train, y_train)
```

Ao utilizar Pipeline, os nomes dos parâmetros devem ser prefixados com o nome da etapa (xgb__, scaler__, imputer__, etc.). Isso garante que o GridSearchCV consiga manipular os componentes internos do pipeline corretamente.

Em diversos cenários, é necessário utilizar métricas específicas para capturar nuances do negócio. Por exemplo, quando a prioridade é minimizar falsos negativos, uma métrica baseada em recall pode ser mais adequada que a acurácia ou AUC. O GridSearchCV permite utilizar funções customizadas de avaliação via make_scorer:

python

```
from sklearn.metrics import make_scorer, f1_score

f1 = make_scorer(f1_score)

grid = GridSearchCV(model, param_grid, scoring=f1, cv=3)
grid.fit(X_train, y_train)
```

Também é possível definir uma função de scoring personalizada que leva em conta múltiplas métricas ou penalizações específicas. A função deve receber y_true e y_pred como argumentos e retornar um valor numérico:

python

```
from sklearn.metrics import precision_score

def custom_metric(y_true, y_pred):
    return 0.7 * precision_score(y_true, y_pred) + 0.3 * f1_score(y_true, y_pred)

custom_scorer = make_scorer(custom_metric)

grid = GridSearchCV(model, param_grid,
scoring=custom_scorer, cv=3)
grid.fit(X_train, y_train)
```

O controle é fundamental quando as métricas padrão não

refletem as reais prioridades do projeto.

Durante a execução do GridSearchCV, cada combinação de parâmetros é testada em múltiplas divisões dos dados. Isso pode gerar centenas ou milhares de execuções, dependendo do tamanho do espaço de busca. Por isso, é essencial definir o espaço de parâmetros com inteligência, evitando testes redundantes ou combinações inviáveis.

Outro ponto importante é a validação externa do modelo final. Mesmo após identificar a melhor combinação de parâmetros, recomenda-se testar o modelo ajustado em um conjunto de dados separado para verificar sua generalização:

python

```
from sklearn.metrics import classification_report


y_pred_final = grid.best_estimator_.predict(X_test)
print(classification_report(y_test, y_pred_final))
```

Esse passo garante que o modelo não se beneficiou apenas da validação cruzada, mas mantém a performance em dados completamente novos.

Para análise aprofundada, o cv_results_ fornece acesso a todas as métricas obtidas durante a busca:

python

```
import pandas as pd


resultados = pd.DataFrame(grid.cv_results_)
print(resultados[['params', 'mean_test_score',
'rank_test_score']])
```

Os dados podem ser exportados e analisados para entender o comportamento do modelo ao longo do espaço de busca, identificando padrões, gargalos e faixas de hiperparâmetros mais promissoras para testes futuros.

O GridSearchCV, quando bem utilizado, eleva o nível de maturidade de qualquer projeto de machine learning, oferecendo um método sistemático e confiável de ajuste, avaliação e seleção de modelos. Seu uso com pipelines e métricas customizadas fortalece ainda mais a capacidade de adaptação às necessidades do projeto.

Resolução de Erros Comuns

Erro: ValueError ao usar Pipeline com GridSearchCV
Causa: Parâmetros mal definidos, sem prefixo da etapa.
Solução: Prefixar com xgb__, scaler__, etc., conforme o nome da etapa no pipeline.

Erro: Execução extremamente lenta do GridSearch
Causa: Espaço de busca muito grande com número alto de folds.
Solução: Reduzir a grade de parâmetros ou usar RandomizedSearchCV com n_iter.

Erro: Resultado ótimo com desempenho ruim no conjunto de teste
Causa: Overfitting durante o processo de tuning.
Solução: Validar o modelo final em conjunto externo e revisar métricas utilizadas.

Erro: TypeError ao passar função personalizada
Causa: Função de métrica com assinatura errada.
Solução: Garantir que a função receba y_true e y_pred e retorne um float.

Erro: GridSearchCV não melhora performance
Causa: Espaço de busca mal escolhido ou modelo já saturado.
Solução: Redefinir as faixas de busca com base em análises

anteriores ou adicionar novos atributos.

Boas Práticas

- Encadear etapas de pré-processamento com Pipeline para manter reprodutibilidade

- Prefixar corretamente os parâmetros ao usar GridSearchCV com pipeline

- Testar primeiro com grades pequenas antes de escalar o espaço de busca

- Validar o modelo ajustado com um conjunto externo para medir generalização

- Utilizar métricas personalizadas com make_scorer para ajustar o modelo ao problema real

Resumo Estratégico

A otimização com GridSearchCV transforma o ajuste de hiperparâmetros em um processo sistemático e orientado a resultado. Ao integrá-lo com pipelines e métricas personalizadas, é possível alinhar o modelo aos objetivos específicos do projeto com máxima precisão e controle. Tal abordagem não apenas melhora a performance dos modelos, mas também profissionaliza a entrega técnica, tornando-a mais previsível, auditável e replicável em diferentes ciclos de desenvolvimento. O manejo técnico desse recurso é essencial para qualquer profissional que deseja operar com excelência em projetos de machine learning com XGBoost.

CAPÍTULO 11. USO DE RANDOMIZEDSEARCHCV

A otimização de hiperparâmetros é uma das etapas mais críticas para o desempenho final de modelos baseados em XGBoost. Encontrar combinações eficazes de parâmetros como max_depth, learning_rate, n_estimators, subsample e colsample_bytree pode melhorar substancialmente a capacidade preditiva, a generalização e a eficiência computacional do modelo. Enquanto o GridSearchCV realiza uma busca exaustiva em uma grade de valores predefinidos, o RandomizedSearchCV explora combinações aleatórias dentro de distribuições específicas, reduzindo o custo computacional e acelerando o processo de ajuste sem perder a efetividade da otimização.

O RandomizedSearchCV é especialmente indicado em situações onde o espaço de busca é grande, o tempo de execução é restrito ou não se tem clareza sobre os melhores intervalos para cada hiperparâmetro. Em vez de testar todas as possibilidades como no GridSearchCV, ele seleciona combinações aleatórias baseadas nas distribuições fornecidas, respeitando um número máximo de iterações definido pelo usuário.

python

```python
from xgboost import XGBClassifier
from sklearn.model_selection import RandomizedSearchCV
from scipy.stats import uniform, randint
```

```python
modelo = XGBClassifier(use_label_encoder=False,
eval_metric='logloss')


parametros = {
    'max_depth': randint(3, 10),
    'learning_rate': uniform(0.01, 0.3),
    'n_estimators': randint(100, 500),
    'subsample': uniform(0.6, 0.4),
    'colsample_bytree': uniform(0.6, 0.4),
    'gamma': uniform(0, 1),
    'reg_alpha': uniform(0, 1),
    'reg_lambda': uniform(0, 1)
}


busca = RandomizedSearchCV(
    modelo,
    param_distributions=parametros,
    n_iter=50,
    scoring='roc_auc',
    cv=3,
    verbose=1,
    random_state=42,
    n_jobs=-1
)
```

```
busca.fit(X_train, y_train)
melhor_modelo = busca.best_estimator_
```

A principal vantagem está no tempo de execução reduzido. Com n_iter=50, o algoritmo testa apenas 50 combinações entre milhares de possibilidades, oferecendo resultados competitivos com custo computacional bem menor que uma busca exaustiva.

A escolha das distribuições para cada hiperparâmetro é estratégica. Distribuições randint são apropriadas para parâmetros discretos como max_depth e n_estimators. Já uniform é ideal para parâmetros contínuos como learning_rate, gamma, reg_alpha e reg_lambda. A escolha dos limites deve considerar valores razoáveis com base na experiência prática, tamanho do dataset e comportamento do modelo.

Além do ganho de performance em tempo, o RandomizedSearchCV permite explorar partes do espaço de busca que o GridSearchCV ignoraria por estar restrito a pontos fixos. Isso pode revelar combinações inesperadamente eficazes, especialmente em modelos com muitos hiperparâmetros interdependentes.

Outro uso importante é como etapa preliminar para uma segunda fase de ajuste mais refinado. Pode-se usar o RandomizedSearchCV para delimitar uma região promissora do espaço de parâmetros e depois aplicar o GridSearchCV nessa região mais estreita, com menos combinações e maior precisão.

O RandomizedSearchCV aceita validação cruzada via cv, múltiplas métricas por scoring e pode operar em paralelo com n_jobs=-1, aproveitando todos os núcleos disponíveis da máquina. Isso o torna aplicável em notebooks, servidores ou pipelines automatizados com CI/CD.

Para visualizar os resultados de todas as combinações testadas, pode-se extrair o cv_results_ como DataFrame e ordenar pelas métricas:

python

```
import pandas as pd


resultados = pd.DataFrame(busca.cv_results_)
resultados_ordenados =
resultados.sort_values(by='mean_test_score', ascending=False)
print(resultados_ordenados[['params',
'mean_test_score']].head())
```

Assim, permite-se inspecionar tendências, como a sensibilidade do modelo a determinado parâmetro, comportamento de overfitting e influência de regularização.

Mesmo com sua eficácia, o uso do RandomizedSearchCV exige cuidados. Distribuições mal calibradas ou faixas irrelevantes podem levar a combinações de parâmetros inviáveis ou pouco úteis. É importante conhecer os efeitos de cada hiperparâmetro no XGBoost e ajustar os limites com base em análise técnica, não em tentativa e erro cega.

Outro ponto essencial é fixar a semente aleatória (random_state) para garantir reprodutibilidade, especialmente em projetos que exigem documentação ou validação por auditoria técnica.

Resolução de Erros Comuns

Erro: ValueError: Continuous is not supported for max_depth
Causa: Uso de distribuição uniform para parâmetro inteiro.
Solução: Substituir por randint para parâmetros como max_depth e n_estimators.

Erro: long execution time or freezing
Causa: Número elevado de combinações ou n_iter muito alto.
Solução: Reduzir n_iter ou otimizar distribuições para regiões mais relevantes.

Erro: best_score_ muito inferior ao esperado
Causa: Espaço de busca mal definido, cobrindo parâmetros fracos.
Solução: Ajustar limites e testar distribuição com foco nos intervalos mais produtivos.

Erro: Incompatibilidade de tipos ao usar uniform com parâmetros booleanos
Causa: Definição de distribuição inadequada para parâmetro binário.
Solução: Definir valores fixos ou lista explícita com choices e np.random.choice().

Erro: inconsistência nos resultados entre execuções
Causa: Falta de random_state ou ambiente multithread não controlado.
Solução: Definir semente aleatória e garantir isolamento dos experimentos.

Boas Práticas

- Usar RandomizedSearchCV em projetos com restrição de tempo e espaço de busca extenso

- Definir distribuições coerentes com o tipo e o efeito de cada hiperparâmetro

- Fixar random_state para garantir reprodutibilidade técnica

- Avaliar resultados com cv_results_ para ajustar estratégias futuras

- Integrar RandomizedSearchCV a pipelines automatizados e testes de performance

Resumo Estratégico

O RandomizedSearchCV é uma ferramenta valiosa para ajuste eficiente de hiperparâmetros em projetos com XGBoost. Com sua abordagem não exaustiva e flexibilidade nas distribuições de busca, permite explorar o espaço paramétrico com menor custo computacional e grande potencial de descoberta de boas configurações. Quando utilizado com critério técnico e alinhado ao objetivo do modelo, representa um avanço prático na maturidade operacional da modelagem, reduzindo tempo, ampliando escopo e entregando soluções otimizadas com mais agilidade.

CAPÍTULO 12. AVALIAÇÃO DE MODELOS

Avaliar corretamente um modelo de machine learning é tão importante quanto treiná-lo. Em classificadores baseados em XGBoost, a avaliação vai além da acurácia: envolve analisar o equilíbrio entre erros, entender como o modelo se comporta em diferentes thresholds e visualizar sua capacidade de aprendizado ao longo das iterações. Navegaremos por técnicas para avaliação avançada de modelos, incluindo matriz de confusão, métricas como precision, recall e F1 score, além das curvas de aprendizado, fundamentais para ajustar, comparar e justificar modelos em ambientes técnicos e de produção.

A matriz de confusão é a ferramenta base para interpretar o comportamento do modelo frente a classificações binárias. Ela apresenta, de forma cruzada, os verdadeiros positivos, verdadeiros negativos, falsos positivos e falsos negativos, permitindo uma análise detalhada dos erros cometidos.

python

```
from sklearn.metrics import confusion_matrix,
ConfusionMatrixDisplay


y_pred = model.predict(X_test)
cm = confusion_matrix(y_test, y_pred)


disp = ConfusionMatrixDisplay(confusion_matrix=cm)
```

```
disp.plot()
```

O gráfico revela como o modelo está acertando ou errando suas previsões, separando erros por tipo. Uma matriz equilibrada com alto número de verdadeiros positivos e negativos indica um classificador confiável. Já uma matriz enviesada pode indicar problemas como threshold mal calibrado, desbalanceamento de classes ou overfitting.

Para avaliar modelos de classificação, métricas derivadas da matriz de confusão são indispensáveis. As três principais são:

- **Precision**: quantos dos positivos previstos realmente são positivos

- **Recall**: quantos dos positivos reais foram identificados corretamente

- **F1 Score**: média harmônica entre precision e recall, equilibrando os dois

As métricas são úteis especialmente quando os custos de erros não são simétricos. Em problemas médicos ou de fraude, errar para menos é muito mais crítico do que errar para mais.

python

```
from sklearn.metrics import classification_report,
precision_score, recall_score, f1_score


print(classification_report(y_test, y_pred))
```

Para calcular manualmente e usar em análises customizadas:

python

```python
precision = precision_score(y_test, y_pred)
recall = recall_score(y_test, y_pred)
f1 = f1_score(y_test, y_pred)

print("Precision:", precision)
print("Recall:", recall)
print("F1 Score:", f1)
```

Métricas devem ser interpretadas em conjunto. Um modelo com alta precisão, mas baixo recall, está acertando quando prevê positivo, mas deixando muitos positivos reais de fora. Já, um modelo com alto recall e baixa precisão está prevendo muitos falsos positivos. O equilíbrio ideal depende do contexto do negócio.

Outro componente fundamental da avaliação avançada é a análise da curva de aprendizado. Ela mostra como o modelo evolui com mais dados ou com mais iterações, permitindo detectar overfitting, underfitting e identificar se o modelo já atingiu seu limite de aprendizado.

python

```python
import matplotlib.pyplot as plt
from sklearn.model_selection import learning_curve

from sklearn.model_selection import StratifiedKFold

cv = StratifiedKFold(n_splits=5, shuffle=True,
random_state=42)
```

```
train_sizes, train_scores, test_scores = learning_curve(
    model, X, y, cv=cv, scoring='f1', n_jobs=-1,
    train_sizes=[0.1, 0.3, 0.5, 0.7, 1.0]
)


train_scores_mean = train_scores.mean(axis=1)
test_scores_mean = test_scores.mean(axis=1)


plt.plot(train_sizes, train_scores_mean, label="Treino")
plt.plot(train_sizes, test_scores_mean, label="Validação")
plt.xlabel("Tamanho do conjunto de treino")
plt.ylabel("F1 Score")
plt.title("Curva de Aprendizado")
plt.legend()
plt.show()
```

Se a curva de treino estiver muito acima da de validação, com gap estável, o modelo está sofrendo overfitting. Se ambas forem baixas, há underfitting. Idealmente, as curvas devem convergir ou manter distância curta, indicando aprendizado estável.

Outro uso importante da curva de aprendizado é decidir se vale a pena coletar mais dados. Se a performance continua subindo com mais amostras, o esforço de coleta pode valer a pena. Se a curva estabiliza, o problema pode estar nos hiperparâmetros ou na engenharia de atributos.

Além disso, o XGBoost permite monitorar diretamente a

evolução de métricas ao longo das iterações com evals_result, gerando gráficos de convergência por métrica:

python

```python
results = model.evals_result()


epochs = len(results['validation_0']['logloss'])
x_axis = range(0, epochs)


plt.plot(x_axis, results['validation_0']['logloss'], label='Treino')
plt.plot(x_axis, results['validation_1']['logloss'], label='Validação')
plt.xlabel('Iterações')
plt.ylabel('Log Loss')
plt.title('Convergência de Log Loss')
plt.legend()
plt.show()
```

Esse modelo de gráfico é essencial em tuning e ajuste de hiperparâmetros, ajudando a visualizar o impacto real de cada configuração no comportamento do modelo ao longo do tempo.

A análise da performance não deve parar nos números. É fundamental segmentar os resultados por grupo de interesse, faixa de probabilidade ou categoria específica. Isso pode revelar comportamentos indesejados, como viés contra determinados grupos ou inconsistência em classes minoritárias.

Abaixo, exemplo de segmentação por faixa de probabilidade prevista:

python

```
import pandas as pd


df_resultados = pd.DataFrame({'real': y_test, 'proba':
model.predict_proba(X_test)[:, 1]})

df_resultados['faixa'] = pd.cut(df_resultados['proba'], bins=[0,
0.3, 0.7, 1], labels=['baixa', 'média', 'alta'])


print(df_resultados.groupby('faixa')['real'].mean())
```

A análise permite calibrar a confiança do modelo em diferentes cenários, ajustando o threshold de decisão ou aplicando estratégias específicas por faixa de probabilidade.

Resolução de Erros Comuns

Erro: F1 score muito baixo apesar de boa acurácia
Causa: Classes desbalanceadas ou threshold inadequado.
Solução: Utilizar métricas baseadas em recall e precision. Ajustar threshold de decisão com predict_proba().

Erro: Confusion matrix com falsos negativos excessivos
Causa: Modelo com baixo recall ou threshold muito conservador.
Solução: Reduzir threshold, usar recall_score como métrica principal.

Erro: Learning curve com gap fixo entre treino e validação
Causa: Overfitting persistente.
Solução: Aplicar regularização, reduzir max_depth, usar early_stopping_rounds.

Erro: Métricas inconsistentes entre validação e teste
Causa: Validação cruzada mal aplicada ou dados não estratificados.
Solução: Usar StratifiedKFold e garantir aleatoriedade controlada nos splits.

Erro: Curva de aprendizado plana com baixa performance
Causa: Modelo incapaz de aprender padrões relevantes.
Solução: Reavaliar engenharia de features, testar outros algoritmos ou aumentar volume de dados.

Boas Práticas

- Calcular precision, recall e f1_score sempre que houver classes desbalanceadas

- Usar matriz de confusão como ferramenta visual para interpretação de erros

- Traçar curvas de aprendizado para entender o comportamento do modelo com mais dados

- Validar modelos com StratifiedKFold para manter proporção de classes

- Segmentar predições por faixas de probabilidade para análises de calibragem

Resumo Estratégico

A avaliação avançada de modelos com XGBoost exige mais que olhar para a acurácia. Métricas como precision, recall e F1 oferecem insights profundos sobre os erros e acertos do classificador. A matriz de confusão permite interpretar esses erros em detalhe, enquanto as curvas de aprendizado mostram o caminho da evolução do modelo e revelam quando ele já aprendeu tudo o que podia. Ao combinar essas ferramentas com segmentações por probabilidade e validações rigorosas, é possível elevar a análise a um nível elevado, garantindo não apenas desempenho técnico, mas segurança e confiança nas decisões automatizadas geradas pelo modelo.

CAPÍTULO 13. MODELOS MULTICLASSE COM XGBOOST

A construção de modelos de classificação multiclasse é uma necessidade recorrente em aplicações do mundo real, como classificação de produtos, tipos de transações, perfis de clientes ou diagnósticos múltiplos. O XGBoost oferece suporte completo para tarefas multiclasse, com estratégias otimizadas, ajustes específicos de parâmetros e métricas adaptadas para múltiplas categorias. Demonstraremos o uso prático do XGBoost em classificações com mais de duas classes, abordando as estratégias one-vs-rest e softmax, o ajuste preciso de hiperparâmetros e a avaliação com métricas dedicadas a cenários multiclasse.

Para realizar classificação multiclasse com XGBoost, é necessário configurar o parâmetro objective='multi:softprob' ou objective='multi:softmax', e indicar o número total de classes com num_class.

- multi:softprob: retorna probabilidades para cada classe.

- multi:softmax: retorna diretamente a classe com maior probabilidade.

Abaixo, um exemplo utilizando o dataset de dígitos da biblioteca sklearn, que contém imagens de dígitos de 0 a 9, totalizando 10 classes:

python

from sklearn.datasets import load_digits

```
from sklearn.model_selection import train_test_split
from xgboost import XGBClassifier


X, y = load_digits(return_X_y=True)
X_train, X_test, y_train, y_test = train_test_split(X, y,
test_size=0.2, random_state=42)


model = XGBClassifier(
    objective='multi:softprob',
    num_class=10,
    eval_metric='mlogloss',
    use_label_encoder=False
)
model.fit(X_train, y_train)
```

Nesse modo, a saída do predict_proba será uma matriz com 10 colunas, uma para cada classe. A classe com maior valor por linha representa a previsão final.

Para converter essas probabilidades em rótulos finais:

python

```
import numpy as np


y_pred_proba = model.predict_proba(X_test)
y_pred = np.argmax(y_pred_proba, axis=1)
```

A estratégia one-vs-rest também pode ser aplicada utilizando múltiplas instâncias do XGBClassifier via OneVsRestClassifier, permitindo maior controle sobre o comportamento individual por classe:

python

```
from sklearn.multiclass import OneVsRestClassifier


ovr_model =
OneVsRestClassifier(XGBClassifier(use_label_encoder=False,
eval_metric='logloss'))

ovr_model.fit(X_train, y_train)

y_pred = ovr_model.predict(X_test)
```

Tal abordagem é útil quando se deseja aplicar estratégias diferenciadas por classe, como pesos específicos, thresholds ou regularizações independentes.

Além da definição do objective e do num_class, alguns hiperparâmetros exigem atenção especial no contexto multiclasse:

- eval_metric: mlogloss e merror são recomendadas para multiclasse.

- scale_pos_weight: não se aplica diretamente; ponderações específicas devem ser feitas via sample_weight.

- use_label_encoder: sempre desativado para evitar warnings e comportamentos inesperados.

No contexto multiclasse, as métricas mais úteis são:

- **Accuracy**: proporção de acertos totais sobre o conjunto de dados.

- **Matriz de confusão multiclasse**: mostra os erros entre todas as combinações possíveis de classes.

- **F1 score macro**: calcula o F1 score para cada classe e faz a média sem pesar pela frequência.

- **F1 score weighted**: calcula o F1 para cada classe e faz a média ponderada pelo número de amostras.

- **Log Loss multiclasse**: penaliza fortemente previsões com alta confiança e erro.

A seguir, aplicação prática dessas métricas:

python

```
from sklearn.metrics import accuracy_score,
classification_report, confusion_matrix


print("Acurácia:", accuracy_score(y_test, y_pred))

print(confusion_matrix(y_test, y_pred))

print(classification_report(y_test, y_pred))
```

O classification_report fornece precisão, recall e F1 por classe, além dos valores macro e weighted. Isso permite avaliar se o modelo está se saindo bem de forma geral ou apenas em classes mais frequentes.

A visualização da matriz de confusão também é possível em contextos multiclasse:

python

```
from sklearn.metrics import ConfusionMatrixDisplay


disp = ConfusionMatrixDisplay.from_predictions(y_test,
y_pred)
disp.plot()
```

O gráfico é fundamental para detectar confusões específicas, como classes frequentemente confundidas entre si, e orientar estratégias de pré-processamento, ajuste de features ou separação de classes próximas.

Em tarefas multiclasse, a análise por probabilidade também é válida. As probabilidades geradas pelo predict_proba ajudam a entender o grau de confiança do modelo para cada classe, o que pode ser usado para criar regras de decisão ou interfaces com feedback mais confiável.

python

```
for i in range(5):
    print(f"Entrada {i}: Classe prevista = {y_pred[i]}, Confiança =
{np.max(y_pred_proba[i]):.2f}")
```

A curva ROC e o AUC não são aplicáveis diretamente em tarefas multiclasse com mais de duas classes. Para isso, utilizam-se versões macro e micro-averaged de AUC com OneVsRestClassifier, quando necessário.

Em termos computacionais, modelos multiclasse tendem a ser mais custosos, tanto em tempo de treino quanto em memória. A utilização de early_stopping_rounds e tuning refinado dos parâmetros se torna ainda mais essencial para evitar sobreajuste e perda de performance.

Resolução de Erros Comuns

Erro: ValueError: num_class must be set for multi:softprob
Causa: Objetivo multiclasse definido sem indicar o número de classes.
Solução: Adicionar num_class=valor ao instanciar o modelo.

Erro: Output shape mismatch ao usar predict_proba
Causa: Tentativa de usar predict_proba com multi:softmax.
Solução: Trocar para multi:softprob para obter probabilidades por classe.

Erro: Resultado com muitas confusões entre classes próximas
Causa: Features com pouca discriminação entre classes.
Solução: Reforçar engenharia de atributos e aplicar análise de importância.

Erro: Classe minoritária com desempenho ruim
Causa: Desequilíbrio entre classes em tarefa multiclasse.
Solução: Aplicar class_weight no pipeline, balanceamento de amostras ou OneVsRestClassifier.

Erro: Performance global boa, mas classes específicas com F1 muito baixo
Causa: Avaliação apenas por acurácia sem considerar métricas por classe.
Solução: Usar classification_report e F1 macro e weighted.

Boas Práticas

- Definir explicitamente objective='multi:softprob' e num_class no modelo

- Usar predict_proba para decisões mais confiáveis e análise de confiança

- Avaliar com métricas macro e weighted para captar o desempenho equilibrado entre classes

- Visualizar matriz de confusão para detectar padrões de erro por classe

- Considerar OneVsRestClassifier quando cada classe exigir tratamento individual

Resumo Estratégico

O XGBoost oferece suporte completo para tarefas multiclasse, permitindo modelos altamente escaláveis e interpretáveis mesmo em cenários com dezenas de categorias. Com o ajuste adequado de parâmetros, escolha estratégica de objetivo e uso de métricas dedicadas, é possível atingir classificações precisas e robustas. Entender os impactos das decisões de modelagem multiclasse — do encoding à avaliação — é o que transforma um classificador genérico em uma solução aplicada, validada e confiável para contextos reais de produção.

CAPÍTULO 14. INTEGRAÇÃO COM PANDAS E NUMPY

O XGBoost é altamente compatível com estruturas de dados amplamente utilizadas em ciência de dados, como os arrays do NumPy e os DataFrames do Pandas. Essa integração permite preparar, manipular, transformar e alimentar os modelos com grande flexibilidade e controle. Neste momento, serão apresentadas as melhores práticas para manipulação de datasets usando Pandas e NumPy, técnicas de conversão entre formatos compatíveis com o XGBoost, além de ajustes finos para garantir performance ideal em leitura, escrita e processamento em memória.

A maioria dos datasets estruturados utilizados com XGBoost estão em formato .csv, .xlsx, .parquet ou outros formatos tabulares. O Pandas é a ferramenta mais direta para leitura e manipulação inicial desses arquivos:

python

```
import pandas as pd


df = pd.read_csv('dados.csv')
print(df.head())
```

Após a leitura, é comum precisar ajustar colunas, converter tipos e tratar dados ausentes. Essas transformações devem ser feitas antes de alimentar o modelo:

python

```
df.drop(columns=['id', 'data_registro'], inplace=True)
df['categoria'] = df['categoria'].astype('category').cat.codes
df.fillna(df.median(), inplace=True)
```

Quando o modelo XGBoost for alimentado, ele pode receber tanto DataFrames quanto arrays do NumPy. Em ambos os casos, o modelo realiza a conversão interna para o formato DMatrix, otimizado para performance. Apesar disso, em aplicações mais sensíveis a tempo ou memória, a conversão manual para DMatrix pode trazer ganhos significativos:

python

```
import xgboost as xgb
import numpy as np


X = df.drop('target', axis=1).values
y = df['target'].values


dtrain = xgb.DMatrix(data=X, label=y)
```

Ao trabalhar diretamente com o DMatrix, é possível passar metadados adicionais como pesos, rótulos e indicadores de valores ausentes:

python

```
dtrain = xgb.DMatrix(data=X, label=y, weight=np.ones(len(y)), missing=np.nan)
```

Apesar do suporte a diferentes estruturas, existem diferenças no comportamento do XGBoost dependendo do tipo de dado de entrada. Quando o modelo recebe um DataFrame, ele preserva os nomes das colunas e os utiliza em relatórios de importância das features. Quando recebe um NumPy array, os identificadores são convertidos para f0, f1, f2, etc.:

python

```python
from xgboost import XGBClassifier


model = XGBClassifier()
model.fit(X, y)


importances = model.feature_importances_
print(importances)
```

Para manter a rastreabilidade entre as colunas originais e os índices numéricos, recomenda-se sempre trabalhar com DataFrames ou manter um dicionário de mapeamento:

python

```python
feature_names = df.drop(columns='target').columns
```

A conversão entre Pandas e NumPy é direta. Para converter um DataFrame em array:

python

```python
X_array = df.drop(columns='target').to_numpy()
```

Para converter de volta:

python

```
df_novo = pd.DataFrame(X_array, columns=feature_names)
```

Esse ciclo é útil quando etapas intermediárias exigem operações matemáticas mais rápidas com NumPy, como normalizações, transformações lineares ou manipulações vetoriais:

python

```
X_normalizado = (X_array - X_array.mean(axis=0)) /
X_array.std(axis=0)
```

A performance de leitura e escrita também impacta o ciclo de desenvolvimento com XGBoost. Arquivos .csv são fáceis de usar, mas lentos para leitura em escala. Alternativas como .parquet ou .feather são mais indicadas para grandes volumes:

python

```
df.to_parquet('dados.parquet')
df_rapido = pd.read_parquet('dados.parquet')
```

No uso com datasets grandes, é possível carregar apenas partes da memória com chunksize:

python

```
for chunk in pd.read_csv('dados.csv', chunksize=10000):
    processar(chunk)
```

A estratégia descrita, evita estouros de memória em ambientes com limitação de recursos, permitindo pipelines escaláveis com XGBoost.

Outro ponto relevante é a compatibilidade entre tipos. Colunas categóricas precisam ser convertidas para numérico antes do treino:

python

```
df['tipo'] = df['tipo'].astype('category').cat.codes
```

Para conjuntos com muitos valores nulos, a estratégia de substituição ou remoção deve ser aplicada com cuidado. O DMatrix lida bem com valores ausentes, mas o Pandas e o NumPy exigem preenchimento para cálculos e operações estatísticas:

python

```
df.fillna(-999, inplace=True)
```

Essa prática só deve ser adotada com cautela e testes de impacto, pois pode induzir o modelo a aprender padrões artificiais baseados no valor de imputação.

No processo de validação e treinamento, a divisão entre treino e teste pode ser realizada diretamente sobre DataFrames:

python

```
from sklearn.model_selection import train_test_split

X = df.drop(columns='target')
y = df['target']
X_train, X_test, y_train, y_test = train_test_split(X, y, test_size=0.3, random_state=42)
```

Após isso, tanto arrays quanto DataFrames podem ser utilizados para alimentar o XGBClassifier, dependendo do pipeline de pré-processamento adotado.

Resolução de Erros Comuns

Erro: ValueError: could not convert string to float
Causa: Coluna categórica ou textual não convertida antes do treinamento.
Solução: Aplicar encoding numérico antes do treino com .astype('category').cat.codes.

Erro: KeyError ao acessar colunas depois da conversão
Causa: Perda dos nomes das colunas ao converter DataFrame para NumPy.
Solução: Manter lista feature_names separada para reverter as conversões.

Erro: Arquivo CSV muito grande gerando crash de memória
Causa: Leitura inteira do arquivo sem controle de uso de memória.
Solução: Usar chunksize no read_csv() para processar por partes.

Erro: Modelo com features nomeadas como f0, f1, f2
Causa: Entrada em formato NumPy sem nomes de colunas.
Solução: Utilizar DataFrame para preservar metadados durante o treino.

Erro: TypeError ao tentar salvar DMatrix com Pandas
Causa: Tentativa de passar DataFrame diretamente para save_binary().
Solução: Converter para NumPy ou DMatrix antes da exportação.

Boas Práticas

- Trabalhar com DataFrames sempre que possível para manter metadados

- Converter colunas categóricas para inteiros com .astype('category').cat.codes

- Usar .parquet ou .feather em vez de .csv para leitura rápida em larga escala

- Utilizar DMatrix manualmente em projetos com foco em performance

- Controlar uso de memória em grandes arquivos com chunksize no read_csv()

Resumo Estratégico

A integração entre XGBoost, Pandas e NumPy forma a base operacional de qualquer pipeline técnico com foco em performance e flexibilidade. Saber quando e como converter entre estruturas, preservar nomes de colunas e ajustar formatos permite montar fluxos de trabalho confiáveis, interpretáveis e escaláveis. O domínio dessas interações reduz tempo de depuração, melhora a rastreabilidade dos modelos e acelera o ciclo completo de desenvolvimento com machine learning.

.

CAPÍTULO 15. APLICAÇÕES EM SÉRIES TEMPORAIS

O XGBoost, embora não seja uma biblioteca nativa para séries temporais, pode ser adaptado de forma altamente eficaz para esse tipo de problema por meio de técnicas de engenharia de atributos e controle rigoroso sobre a divisão dos dados no tempo. As séries temporais estão presentes em diversas aplicações reais como previsão de demanda, preços, consumo de energia, métricas operacionais e comportamento de usuários. Para que o XGBoost seja usado corretamente nesses contextos, é essencial estruturar o dataset com atributos baseados em tempo, aplicar splits respeitando a ordem temporal e interpretar os resultados com foco em tendência e sazonalidade. Analisaremos uma abordagem prática, robusta e validada para trabalhar com séries temporais utilizando XGBoost.

O primeiro passo para aplicar XGBoost em séries temporais é transformar a sequência em um dataset com estrutura tabular, introduzindo as chamadas *lag features*, que representam valores anteriores da série como entradas para o modelo. Isso permite que o algoritmo aprenda padrões históricos e faça previsões com base no passado recente.

Suponha um dataset de consumo diário de energia:

python

```
import pandas as pd

df = pd.read_csv('energia.csv', parse_dates=['data'],
```

```python
index_col='data')
df['consumo'] = df['consumo'].astype(float)
```

Para transformar a série em formato supervisionado, cria-se uma janela deslizante com defasagens:

python

```python
for lag in range(1, 8):
    df[f'lag_{lag}'] = df['consumo'].shift(lag)
```

Nesse exemplo, os valores de lag_1 a lag_7 representam o consumo nos 7 dias anteriores. É possível também incluir médias móveis, indicadores de tendência e atributos sazonais:

python

```python
df['media_3'] = df['consumo'].rolling(3).mean()
df['dia_da_semana'] = df.index.dayofweek
```

Após a criação das features, é necessário remover as linhas com valores nulos resultantes das operações de shift e rolling:

python

```python
df.dropna(inplace=True)
```

A divisão entre treino e teste em séries temporais não pode ser aleatória. É fundamental que o modelo aprenda com dados passados e seja testado com dados futuros, respeitando a estrutura sequencial do tempo. Isso evita *data leakage* e simula com mais fidelidade o cenário real de previsão.

python

```python
limite = int(len(df) * 0.8)
X = df.drop(columns='consumo')
y = df['consumo']


X_train, X_test = X.iloc[:limite], X.iloc[limite:]
y_train, y_test = y.iloc[:limite], y.iloc[limite:]
```

A previsão com XGBoost segue a mesma estrutura dos demais modelos:

python

```python
from xgboost import XGBRegressor


modelo = XGBRegressor(n_estimators=100, learning_rate=0.1)
modelo.fit(X_train, y_train)
y_pred = modelo.predict(X_test)
```

Para avaliação, usa-se RMSE e MAE, métricas apropriadas para prever valores contínuos em sequência:

python

```python
from sklearn.metrics import mean_absolute_error, mean_squared_error
import numpy as np


rmse = np.sqrt(mean_squared_error(y_test, y_pred))
mae = mean_absolute_error(y_test, y_pred)
```

```
print("RMSE:", rmse)
print("MAE:", mae)
```

Também é útil visualizar a curva real versus a prevista, alinhando as datas corretamente:

python

```
import matplotlib.pyplot as plt

y_test_plot = y_test.copy()
y_test_plot[:] = y_pred

plt.figure(figsize=(15, 5))
plt.plot(y_test.index, y_test, label='Real')
plt.plot(y_test_plot.index, y_test_plot, label='Previsto')
plt.legend()
plt.title('Comparação entre Consumo Real e Previsto')
plt.xlabel('Data')
plt.ylabel('Consumo')
plt.show()
```

O gráfico é essencial para entender se o modelo está capturando corretamente tendência, ciclos e picos. Em muitos casos, é possível melhorar a performance ao combinar previsões de curto e médio prazo com técnicas como stacking ou ensemble com outros modelos.

Uma prática avançada é a previsão recursiva: usar o modelo para prever um ponto à frente, depois usar essa previsão como entrada para prever o ponto seguinte. O processo exige controle rigoroso dos atributos temporais gerados em tempo real.

python

```python
# Previsão recursiva para os próximos 7 dias
ultimo = X_test.iloc[-1:].copy()


for i in range(7):
    pred = modelo.predict(ultimo)[0]
    novo = ultimo.shift(-1, axis=1)
    novo.iloc[0, -1] = pred
    y_test_plot = pd.concat([y_test_plot, pd.Series([pred], index=[y_test_plot.index[-1] + pd.Timedelta(days=1)])])
    ultimo = novo
```

Essa técnica é útil em sistemas de produção que precisam gerar previsões contínuas com janela deslizante em tempo real.

O XGBoost também pode incorporar variáveis exógenas na previsão temporal, como indicadores econômicos, variáveis climáticas ou dados externos que impactem o valor previsto. Basta incluí-las como colunas adicionais no DataFrame original.

A cada novo ciclo de previsão, é recomendável atualizar o modelo com os dados mais recentes e reavaliar o desempenho para manter a acurácia ao longo do tempo.

Resolução de Erros Comuns

Erro: ValueError ao treinar com dados sequenciais
Causa: Presença de NaNs após criação de lags ou rolling.

Solução: Aplicar dropna() após criação das features temporais.

Erro: Modelo performa bem no treino mas falha no teste
Causa: Split aleatório causando vazamento de dados temporais.
Solução: Realizar divisão baseada em datas crescentes com iloc.

Erro: Previsões com comportamento linear e pouco responsivo
Causa: Lags insuficientes ou falta de atributos sazonais.
Solução: Incluir mais defasagens, médias móveis e colunas sazonais como dia_da_semana.

Erro: Diminuição brusca da acurácia em previsão recursiva
Causa: Acúmulo de erro ao utilizar previsões como entradas futuras.
Solução: Reduzir o horizonte ou reavaliar a engenharia das variáveis para estabilizar o ciclo.

Erro: Alinhamento incorreto nas datas das previsões
Causa: Falha ao associar os índices do Pandas nas previsões.
Solução: Manter consistência entre index das séries e previsões.

Boas Práticas

- Criar múltiplas *lag features* e médias móveis para capturar padrões históricos

- Utilizar dayofweek, month, is_weekend como atributos sazonais

- Fazer o split temporal com iloc ou filtros de datas ordenadas

- Visualizar os gráficos de real vs previsto em sequência com datas no eixo

- Atualizar o modelo periodicamente com os dados mais recentes para manter desempenho

Resumo Estratégico

O XGBoost pode ser aplicado com alta eficácia em problemas de séries temporais quando suportado por uma estrutura adequada de engenharia de atributos e controle sequencial. A criação de janelas deslizantes, a segmentação temporal dos dados e o uso de variáveis sazonais elevam o modelo a um novo nível de performance preditiva. Ao adaptar seu pipeline para esse tipo de tarefa, é possível extrair previsões confiáveis e alinhadas com as demandas operacionais de negócios baseados em tempo, mantendo o controle total sobre os dados e a lógica do modelo.

CAPÍTULO 16. INTERPRETAÇÃO COM SHAP VALUES

A explicabilidade de modelos de machine learning tem ganhado protagonismo técnico e institucional, especialmente em aplicações onde decisões automatizadas afetam pessoas ou processos críticos. Embora o XGBoost seja conhecido por sua performance, seu comportamento interno pode ser difícil de interpretar sem ferramentas específicas. O SHAP (SHapley Additive exPlanations) oferece um meio matematicamente consistente e computacionalmente viável de interpretar predições de modelos baseados em árvores como o XGBoost. Abordaremos nesta etapa, estratégias para visualizar o impacto das variáveis, distinguir explicações locais e globais e integrar essas interpretações em dashboards operacionais.

O SHAP atribui a cada feature uma contribuição individual para a predição feita pelo modelo, baseando-se em uma adaptação dos valores de Shapley da teoria dos jogos. Isso permite decompor uma predição em um somatório de impactos positivos e negativos, evidenciando como cada variável empurra a saída para cima ou para baixo.

A biblioteca shap oferece integração direta com o XGBoost e pode ser instalada via:

bash

```
pip install shap
```

Após treinar um modelo XGBoost, o primeiro passo é gerar o

objeto explicador compatível com o modelo:

python

```
import shap


explainer = shap.Explainer(model, X_train)
shap_values = explainer(X_test)
```

O objeto shap_values contém as contribuições individuais de cada feature para cada amostra do conjunto de teste. O somatório das contribuições mais o valor base do modelo (valor médio das predições no conjunto de treino) resulta no valor previsto para cada amostra.

A visualização mais comum dos SHAP Values é o gráfico tipo *beeswarm*, que mostra o impacto de todas as variáveis em todas as amostras:

python

```
shap.plots.beeswarm(shap_values)
```

O gráfico permite identificar:

- Quais variáveis têm maior impacto global nas predições

- Qual a direção média desse impacto (positiva ou negativa)

- A distribuição dos efeitos individuais por feature

Outra visualização importante é o gráfico de barras que resume a importância das variáveis com base na média absoluta dos SHAP Values:

python

```
shap.plots.bar(shap_values)
```

Diferente da importância fornecida por feature_importances_, que mede frequência ou ganho nas divisões, os SHAP Values representam o impacto real de cada variável nas decisões do modelo, com base em suas interações com as demais.

Para analisar o impacto local de uma feature em uma predição específica, utiliza-se o gráfico de waterfall:

python

```
shap.plots.waterfall(shap_values[0])
```

Esse gráfico mostra como cada variável contribuiu para a predição de uma única amostra, explicando detalhadamente porque o modelo previu determinado valor para aquela entrada.

A diferença entre explicações locais e globais é central para o uso de SHAP:

- **Explicações globais**: indicam o comportamento médio do modelo e o ranking de importância das features

- **Explicações locais**: analisam uma predição específica, detalhando a influência individual das variáveis naquela instância

As duas dimensões são complementares. Enquanto a explicação global ajuda no entendimento do modelo como um todo, a explicação local é vital para auditorias, justificativas e controle de decisões automatizadas em nível individual.

Outro recurso poderoso é o gráfico de dependência, que mostra como o valor de uma variável afeta seu impacto no modelo:

python

```
shap.plots.scatter(shap_values[:, "idade"], color=shap_values)
```

O gráfico permite identificar não linearidades, interações e faixas de valor que amplificam ou invertem o impacto de uma variável.

Para aplicações práticas, os SHAP Values podem ser exportados e integrados em dashboards com ferramentas como Streamlit, Dash, Power BI ou aplicações web personalizadas. O uso de gráficos interativos com tooltips explicativos e segmentação por grupos de usuários permite criar interfaces que explicam o comportamento do modelo de forma transparente.

Em ambientes regulados, como financeiro e saúde, é possível usar os SHAP Values como base para gerar relatórios de justificativa automatizada para decisões como concessão de crédito, diagnósticos assistidos ou classificação de risco.

Outro uso estratégico é a análise de drift em produção: ao monitorar os SHAP Values de novas predições ao longo do tempo, é possível detectar alterações no comportamento do modelo ou na distribuição dos dados de entrada, mesmo sem acesso ao valor real do target.

python

```
shap_mean = shap_values.values.mean(axis=0)

print(shap_mean)
```

Comparando os valores médios de SHAP em diferentes períodos, detecta-se se o modelo passou a se apoiar mais ou menos em determinadas variáveis, indicando possível mudança no padrão dos dados.

Resolução de Erros Comuns

Erro: ValueError: Model type not yet supported by SHAP

Causa: Modelo não treinado com estrutura compatível com o shap.Explainer.

Solução: Garantir que o modelo seja do tipo XGBClassifier ou XGBRegressor, com entrada numérica.

Erro: MemoryError ao processar grande volume de SHAP Values
Causa: Explainer criado em modo exato com dados extensos.
Solução: Usar amostras menores ou configurar approximate=True para economizar memória.

Erro: Gráfico com feature_names f0, f1... sem nomes legíveis
Causa: Modelo treinado com NumPy array sem colunas nomeadas.
Solução: Treinar o modelo com pandas.DataFrame mantendo os nomes originais das features.

Erro: Gráfico de dependência mostrando padrão invertido inesperado
Causa: Correlação com outra variável de maior impacto ou interação não detectada.
Solução: Analisar dependência condicional entre variáveis com gráficos de SHAP interativos.

Erro: Waterfall plot gerando erro ao acessar shap_values[i]
Causa: Acesso direto ao valor de índice sem verificar o tipo de shap_values.
Solução: Garantir que shap_values seja indexado corretamente com shap_values[i].

Boas Práticas

- Utilizar shap.Explainer diretamente sobre modelos XGBoost para compatibilidade total

- Gerar beeswarm plots para identificar as variáveis de maior impacto global

- Aplicar waterfall plots para justificar decisões individuais de forma clara

- Usar gráficos de dependência para detectar efeitos não lineares e interações entre variáveis

- Exportar SHAP Values para dashboards e relatórios automatizados de auditoria ou explicação

Resumo Estratégico

A interpretação de modelos com SHAP Values coloca o XGBoost em um novo patamar de transparência e confiabilidade. A capacidade de decompor cada decisão do modelo em componentes compreensíveis fortalece a governança dos sistemas de machine learning, facilita a comunicação com stakeholders e permite validar a lógica interna de forma sistemática. Combinando explicações locais, análise global e integração com interfaces visuais, o uso de SHAP transforma um modelo de alta performance em uma ferramenta de decisão explicável, defensável e sustentável em qualquer ambiente técnico ou regulatório.

CAPÍTULO 17. SALVAMENTO E CARREGAMENTO DE MODELOS

Após o treinamento e validação de um modelo XGBoost, garantir que ele possa ser reutilizado com segurança, portabilidade e controle de versões é fundamental para a continuidade de qualquer pipeline de machine learning. O salvamento correto do modelo permite sua aplicação em produção, integração com APIs, uso em interfaces de dashboard, ou como parte de soluções embarcadas. Este módulo apresenta os métodos mais seguros e eficientes para salvar e carregar modelos XGBoost usando pickle, joblib e o formato nativo da própria biblioteca, além de práticas de versionamento e medidas de proteção para uso em ambientes corporativos.

O método mais simples e conhecido para persistência de objetos Python, incluindo modelos treinados, é o uso do módulo pickle. Embora seja amplamente compatível, o pickle possui limitações de segurança e portabilidade entre versões de ambiente:

python

```python
import pickle


with open('modelo_xgb.pkl', 'wb') as f:
    pickle.dump(model, f)
```

Para recarregar o modelo salvo:

python

```python
with open('modelo_xgb.pkl', 'rb') as f:
    modelo_carregado = pickle.load(f)
```

O joblib, também usado amplamente em ciência de dados, é mais eficiente que pickle para objetos grandes, como modelos com muitos parâmetros, árvores ou dados numéricos em alta escala:

python

```python
import joblib
```

```python
joblib.dump(model, 'modelo_xgb.joblib')
modelo_carregado = joblib.load('modelo_xgb.joblib')
```

Os dois métodos funcionam bem quando o ambiente de execução é controlado, isto é, a versão do Python, das bibliotecas e do sistema operacional são compatíveis. Para ambientes de produção ou distribuição entre máquinas diferentes, o ideal é usar o formato nativo do XGBoost, que é independente de linguagem e versão:

python

```python
model.save_model('modelo_xgb.json')
```

Para recarregar o modelo:

python

```python
from xgboost import XGBClassifier
```

```python
modelo_restaurado = XGBClassifier()
modelo_restaurado.load_model('modelo_xgb.json')
```

Tal formato suporta interoperabilidade com bibliotecas em R, Java, C++ e outras linguagens compatíveis com a estrutura do XGBoost, tornando-o ideal para produção em larga escala e sistemas distribuídos.

Para modelos baseados em Booster (formato lower level), a função equivalente é:

python

```python
booster = model.get_booster()
booster.save_model('booster_xgb.bin')
```

E a recarga:

python

```python
import xgboost as xgb


booster_carregado = xgb.Booster()
booster_carregado.load_model('booster_xgb.bin')
```

A utilização do formato .json ou .bin é altamente recomendado quando o modelo precisa ser desacoplado do ambiente Python ou integrado em sistemas externos. Ele também permite inspeção manual, auditoria e compatibilidade com ferramentas de visualização.

Em projetos colaborativos ou sistemas versionados, é essencial adotar práticas de versionamento de modelos, registrando metadados como:

- Data e hora do treinamento

- Dataset de origem

- Versões das bibliotecas e do Python

- Parâmetros utilizados

- Métricas de performance no conjunto de validação

As informações podem ser salvas em um arquivo .txt, .yaml, .json ou incorporadas ao nome do arquivo do modelo:

python

```python
metadados = {
    'modelo': 'xgb_classificador',
    'data_treinamento': '2025-04-25',
    'dataset': 'clientes.csv',
    'metricas': {'AUC': 0.92, 'F1': 0.88},
    'versao_python': '3.9',
    'versao_xgboost': xgb.__version__
}


import json
with open('modelo_xgb_metadados.json', 'w') as f:
    json.dump(metadados, f, indent=4)
```

A prática descrita, evita perdas de contexto, facilita reprocessamentos e permite rastrear qual modelo foi usado em cada situação.

Para segurança e portabilidade, recomenda-se:

- Não usar pickle para carregar arquivos desconhecidos de fontes externas.

- Verificar hashes ou assinaturas de arquivos recebidos.

- Documentar versões do ambiente com pip freeze ou conda env export.

- Usar containers Docker com ambiente congelado para maior confiabilidade.

- Incluir testes automatizados para verificar se o modelo carregado gera previsões consistentes.

Em pipelines de produção com APIs, é comum carregar o modelo na inicialização do servidor Flask, FastAPI ou Django:

python

```python
# fastapi_app.py
from fastapi import FastAPI
import joblib

app = FastAPI()
model = joblib.load('modelo_xgb.joblib')


@app.post("/prever")
def prever(dados: dict):
    X = pd.DataFrame([dados])
    y_pred = model.predict(X)
```

```
return {"classe": int(y_pred[0])}
```

Outro padrão utilizado é o salvamento do modelo em repositórios centralizados como Amazon S3, Google Cloud Storage, MLflow, ou DVC (Data Version Control). Isso permite gerenciar múltiplas versões do modelo, integrar com CI/CD e automatizar processos de deploy.

Resolução de Erros Comuns

Erro: AttributeError: Can't get attribute 'XGBClassifier' on <module 'main'>
Causa: Modelo salvo com pickle e recarregado em contexto diferente.
Solução: Garantir que o script de carregamento tenha as mesmas importações do ambiente original.

Erro: XGBoostError: [15:15:48] .../learner.cc:836: Check failed
Causa: Tentativa de carregar modelo salvo com versão incompatível do XGBoost.
Solução: Verificar e alinhar as versões da biblioteca entre os ambientes.

Erro: TypeError: Object of type Booster is not JSON serializable
Causa: Tentativa de salvar o objeto com json.dump().
Solução: Utilizar booster.save_model() para persistência adequada.

Erro: ValueError ao prever após carregar modelo
Causa: Alteração na estrutura das features entre treino e predição.
Solução: Salvar e restaurar os nomes e ordem das colunas juntamente com o modelo.

Erro: ModuleNotFoundError ao carregar com joblib
Causa: Ambiente de execução sem a mesma estrutura de pacotes.
Solução: Usar virtualenvs e arquivos de requisitos para replicar o ambiente.

Boas Práticas

- Preferir model.save_model() para maior portabilidade e segurança

- Salvar metadados técnicos junto ao arquivo do modelo

- Testar o modelo carregado com amostras reais antes de usar em produção

- Controlar versões de ambiente com pip freeze e requirements.txt

- Incluir assinatura ou hash nos arquivos de modelo em ambientes sensíveis

Resumo Estratégico

O salvamento e carregamento de modelos com XGBoost é um ponto crítico de integração entre o desenvolvimento e a aplicação em produção. Escolher o formato correto, controlar o ambiente e garantir portabilidade e segurança são práticas essenciais para manter a confiabilidade de soluções preditivas em escala. Ao utilizar esses processos, o operador garante que o valor gerado durante o treinamento do modelo seja preservado, auditável e aplicável em múltiplos cenários operacionais.

CAPÍTULO 18. INTEGRAÇÃO COM FLASK E FASTAPI

Transformar um modelo XGBoost em uma API preditiva é uma etapa essencial para permitir que aplicações web, sistemas corporativos ou dispositivos externos possam enviar dados e receber predições em tempo real. As bibliotecas Flask e FastAPI oferecem caminhos eficientes e robustos para essa integração, permitindo deploy local, em nuvem ou encapsulado via Docker. Abordaremos nesta etapa a construção de APIs preditivas com Flask e FastAPI, desde a estrutura básica até o deploy funcional, passando por práticas de testes e controle da operação de endpoints.

A criação de uma API com Flask parte da ideia de transformar a função de predição em um endpoint HTTP, que recebe dados no formato JSON, processa e retorna a resposta ao cliente. Após treinar e salvar o modelo com joblib, a API pode ser estruturada assim:

python

```python
# app_flask.py
from flask import Flask, request, jsonify
import joblib
import pandas as pd

app = Flask(__name__)
model = joblib.load('modelo_xgb.joblib')
```

```python
@app.route('/prever', methods=['POST'])
def prever():
    dados = request.get_json()
    X = pd.DataFrame([dados])
    y_pred = model.predict(X)
    return jsonify({'classe': int(y_pred[0])})


if __name__ == '__main__':
    app.run(debug=True, host='0.0.0.0', port=5000)
```

Com o servidor em execução, é possível testar o endpoint com ferramentas como Postman, Curl ou scripts Python:

bash

```bash
curl -X POST http://localhost:5000/prever -H "Content-Type: application/json" -d '{"idade": 35, "salario": 4200, "tempo_de_empresa": 3}'
```

O FastAPI oferece uma alternativa moderna e performática, com suporte nativo a documentação automática, validação de dados via pydantic e performance otimizada com uvicorn. O mesmo modelo pode ser exposto com FastAPI da seguinte forma:

python

```python
# app_fastapi.py
from fastapi import FastAPI
from pydantic import BaseModel
```

```python
import joblib
import pandas as pd

class Entrada(BaseModel):
    idade: int
    salario: float
    tempo_de_empresa: int

app = FastAPI()
model = joblib.load('modelo_xgb.joblib')

@app.post("/prever")
def prever(dados: Entrada):
    X = pd.DataFrame([dados.dict()])
    y_pred = model.predict(X)
    return {"classe": int(y_pred[0])}
```

Para rodar a aplicação:

bash

```bash
uvicorn app_fastapi:app --reload --host 0.0.0.0 --port 8000
```

O FastAPI gera automaticamente a interface Swagger na rota /
docs, facilitando testes diretos sem ferramentas externas. Isso é
especialmente útil para validação e documentação colaborativa.

O deploy local garante que a aplicação funcione no ambiente

de desenvolvimento, mas o deploy via Docker assegura portabilidade, escalabilidade e controle total do ambiente. O Dockerfile para ambas as APIs segue estrutura simples:

dockerfile

```
FROM python:3.9


WORKDIR /app
COPY . /app


RUN pip install -r requirements.txt


CMD ["uvicorn", "app_fastapi:app", "--host", "0.0.0.0", "--port", "8000"]
```

O requirements.txt deve conter todas as dependências do projeto, como:

nginx

```
fastapi
uvicorn
joblib
pandas
xgboost
scikit-learn
```

Para construir e rodar o container:

bash

```
docker build -t xgb-api .
docker run -p 8000:8000 xgb-api
```

O uso de Docker permite replicar o ambiente exatamente igual em outras máquinas ou servidores cloud, eliminando problemas de compatibilidade.

Para garantir que os endpoints estejam operacionais, é recomendável criar testes automatizados utilizando pytest, requests ou ferramentas de integração contínua:

python

```python
import requests


url = "http://localhost:8000/prever"
dados = {"idade": 45, "salario": 3500.0, "tempo_de_empresa": 5}


resposta = requests.post(url, json=dados)
print(resposta.json())
```

Os testes podem ser incluídos em rotinas de CI/CD para validar automaticamente a estabilidade da API sempre que o código for alterado ou atualizado.

Durante a integração do modelo com a API, é fundamental garantir que a estrutura dos dados recebidos esteja em conformidade com os dados usados no treinamento, preservando a ordem e o tipo das colunas. Qualquer alteração, como mudança no encoding de categorias, pode comprometer a predição.

É possível também adicionar segurança com autenticação

básica, limites de requisição, ou integração com autenticação OAuth2 e tokens JWT, quando a API for exposta externamente.

Resolução de Erros Comuns

Erro: ValueError: Number of features of the model does not match input
Causa: Diferença na estrutura de entrada entre o modelo treinado e os dados da API.
Solução: Garantir que o DataFrame recebido na API tenha colunas na mesma ordem e formato.

Erro: JSONDecodeError ao receber a requisição
Causa: Payload enviado malformado ou não reconhecido como JSON.
Solução: Validar o corpo da requisição e usar application/json no header.

Erro: ModuleNotFoundError em container Docker
Causa: Falta de bibliotecas no requirements.txt.
Solução: Revisar dependências e reconstruir imagem Docker.

Erro: Erro 422 Unprocessable Entity no FastAPI
Causa: Dados enviados não batem com os tipos definidos no pydantic.
Solução: Garantir que os tipos (int, float, string) estejam corretos no corpo da requisição.

Erro: API funciona localmente mas falha ao expor publicamente
Causa: Restrições de firewall ou bindings incorretos no host.
Solução: Usar 0.0.0.0 como host e configurar corretamente o ambiente de rede.

Boas Práticas

- Definir modelos pydantic para validação rigorosa das entradas no FastAPI

- Expor apenas os endpoints necessários e aplicar autenticação se for ambiente público

- Usar Docker para encapsular a API e o modelo com total controle de versão

- Incluir testes automatizados com chamadas reais ao endpoint para garantir estabilidade

- Registrar logs das requisições e respostas para auditoria e monitoramento

Resumo Estratégico

Integrar um modelo XGBoost com Flask ou FastAPI amplia drasticamente seu alcance e aplicabilidade, transformando um artefato de dados em um serviço pronto para consumo por qualquer sistema. Com estruturas simples, eficientes e seguras, é possível operacionalizar predições em tempo real, oferecer APIs escaláveis via Docker e manter rastreabilidade e controle total do ambiente. Essa capacidade é essencial para aplicar inteligência artificial com impacto direto nos processos e decisões das organizações.

CAPÍTULO 19. INTEGRAÇÃO COM STREAMLIT

Transformar um modelo XGBoost em uma aplicação interativa com interface visual acessível é uma forma poderosa de entregar valor diretamente ao usuário final. A biblioteca Streamlit permite criar dashboards e interfaces gráficas para machine learning com poucas linhas de código, sem necessidade de frameworks complexos de front-end. Com componentes interativos, suporte a entrada de dados em tempo real e deploy simplificado, o Streamlit é a solução ideal para apresentar modelos treinados com clareza, personalização e funcionalidade. Aqui, apresentaremos a construção de interfaces preditivas com Streamlit, desde a estrutura base até estratégias de compartilhamento e deploy.

Após treinar e salvar o modelo com joblib, a criação de uma aplicação com Streamlit parte da construção de uma interface em um único script Python. Abaixo, um exemplo de aplicação de classificação com XGBoost:

python

```python
# app_streamlit.py
import streamlit as st
import joblib
import pandas as pd


# Carregar modelo treinado
```

```python
model = joblib.load('modelo_xgb.joblib')

# Título da aplicação
st.title("Classificador XGBoost - Previsão de Risco")

# Coletar inputs do usuário
idade = st.slider("Idade", 18, 100, 30)
salario = st.number_input("Salário", min_value=1000.0,
value=4000.0)
tempo_empresa = st.slider("Tempo de empresa (anos)", 0, 40, 5)

# Criar DataFrame de entrada
entrada = pd.DataFrame([[idade, salario, tempo_empresa]],
                    columns=['idade', 'salario',
'tempo_de_empresa'])

# Prever e exibir resultado
if st.button("Prever"):
    resultado = model.predict(entrada)
    st.write(f"Classe prevista: {int(resultado[0])}")
```

O código gera uma interface responsiva com sliders, inputs e botão de ação. A aplicação é executada com:

bash

```bash
streamlit run app_streamlit.py
```

133

A cada interação do usuário, os valores são atualizados automaticamente e o modelo retorna uma predição baseada nas entradas fornecidas.

Os principais componentes interativos do Streamlit incluem:

- st.slider(): seleção de valores numéricos em faixa

- st.number_input(): entrada direta de números

- st.text_input(): entrada de texto

- st.selectbox() e st.radio(): escolha de categorias

- st.file_uploader(): upload de arquivos CSV, Excel, imagem

- st.button(): ação para processar ou executar evento

Os componentes podem ser combinados para simular formulários reais, sistemas de recomendação, avaliação de risco e outras aplicações interativas com base em predição.

É possível customizar o layout utilizando colunas, barras laterais e separadores:

python

```
with st.sidebar:
    idade = st.slider("Idade", 18, 100, 30)
    salario = st.number_input("Salário", min_value=1000.0,
value=4000.0)
    tempo_empresa = st.slider("Tempo de empresa (anos)", 0, 40,
5)
```

Esse recurso ajuda a organizar visualmente a aplicação, principalmente quando há muitas variáveis de entrada.

Além das predições, é possível exibir gráficos, tabelas e textos explicativos com:

- st.line_chart(), st.bar_chart(), st.area_chart()

- st.dataframe() e st.table()

- st.markdown() para textos formatados

- st.plotly_chart(), st.pyplot() para integração com bibliotecas de visualização

Os elementos permitem incorporar análise exploratória, comparação de resultados e explicações sobre o modelo de forma visual e intuitiva.

O deploy da aplicação pode ser feito localmente, em servidor próprio, em instâncias cloud ou diretamente no Streamlit Cloud, que oferece hospedagem gratuita para repositórios no GitHub. Para isso, basta:

- Ter um repositório público com o script app.py

- Adicionar requirements.txt com as dependências:

nginx

streamlit

pandas

joblib

xgboost

scikit-learn

- Publicar o repositório e conectar com Streamlit Cloud

- Clicar em "New App", selecionar o repositório e definir o script principal

O deploy é automático e o link gerado pode ser compartilhado com qualquer pessoa.

Outra opção é embutir o Streamlit em um container Docker para deploy corporativo ou interno:

dockerfile

FROM python:3.9

WORKDIR /app
COPY . /app

RUN pip install -r requirements.txt

CMD ["streamlit", "run", "app_streamlit.py", "--server.port=8501", "--server.enableCORS=false"]

Tal formato permite controle de versão, escalabilidade e integração com orquestradores como Docker Compose e Kubernetes.

Durante o uso da interface, é importante manter a compatibilidade entre as entradas do usuário e o formato do modelo. Qualquer divergência de nomes, ordem ou tipo de dados pode causar erro de predição. Para garantir estabilidade, recomenda-se sempre validar os dados recebidos:

python

```
try:
    pred = model.predict(entrada)
    st.success(f"Classe prevista: {int(pred[0])}")
except Exception as e:
    st.error(f"Erro ao realizar predição: {e}")
```

Além disso, para sistemas que utilizam arquivos como entrada, é possível fazer upload e processamento direto:

python

```
arquivo = st.file_uploader("Carregar CSV para previsão em lote", type="csv")

if arquivo is not None:
    dados = pd.read_csv(arquivo)
    previsoes = model.predict(dados)
    st.write("Resultados:")
    st.dataframe(pd.DataFrame(previsoes, columns=['Classe prevista']))
```

A funcionalidade amplia o uso da interface para equipes operacionais que desejam prever múltiplos registros sem recorrer a scripts ou APIs.

Resolução de Erros Comuns

Erro: ValueError: Number of features of the model does not

match input
Causa: Diferença de ordem ou colunas nas entradas.
Solução: Garantir consistência de nomes, tipos e ordem das colunas com os dados de treino.

Erro: O Streamlit não reconhece o botão ou evento não dispara
Causa: Falta de indentação ou escopo incorreto no if st.button().
Solução: Manter a estrutura correta e evitar inputs fora do escopo do botão.

Erro: No module named 'streamlit'
Causa: Biblioteca não instalada.
Solução: Instalar com pip install streamlit ou incluir no requirements.txt.

Erro: UnicodeDecodeError ao ler CSV enviado
Causa: Codificação do arquivo não compatível com UTF-8.
Solução: Tentar pd.read_csv(arquivo, encoding='latin1') ou exibir mensagem de erro controlada.

Erro: Interface lenta com grandes volumes de dados
Causa: Processamento não otimizado ou exibição de DataFrames muito grandes.
Solução: Restringir a quantidade de registros exibidos e otimizar pré-processamentos.

Boas Práticas

- Validar os dados de entrada antes de passar ao modelo

- Usar sidebar para organizar variáveis e opções de controle

- Exibir mensagens de sucesso, erro ou loading para experiência fluida

- Publicar o modelo com Streamlit Cloud ou Docker para acesso controlado

- Garantir que o código seja limpo, modular e de fácil

manutenção

Resumo Estratégico

Integrar modelos XGBoost com Streamlit permite entregar inteligência de forma interativa, clara e acionável. Com poucos comandos e sem dependência de front-end, é possível criar interfaces profissionais, que expõem o valor do modelo com acessibilidade e praticidade. Essa metodologia encurta o caminho entre desenvolvimento e aplicação real, colocando o modelo nas mãos de usuários técnicos e não técnicos, promovendo decisões baseadas em dados com simplicidade e precisão.

CAPÍTULO 20. XGBOOST COM GPU

O uso de GPU para acelerar o treinamento de modelos XGBoost representa um avanço significativo na eficiência computacional de pipelines de machine learning. Com suporte nativo à arquitetura CUDA da NVIDIA, o XGBoost consegue reduzir drasticamente o tempo de treinamento, especialmente em conjuntos de dados grandes e com alta dimensionalidade. No entanto, a adoção de GPU exige instalação específica, verificação de compatibilidade e práticas de benchmarking para medir os reais ganhos de desempenho. Detalharemos a seguir, a instalação do XGBoost com suporte CUDA, a execução comparativa com CPU, os principais requisitos de sistema e as recomendações para aproveitar ao máximo a aceleração por GPU.

Para utilizar a GPU com XGBoost, é necessário instalar uma versão compilada com suporte a CUDA. Essa instalação pode ser feita por meio do conda-forge, desde que o ambiente tenha CUDA Toolkit compatível com a GPU da máquina:

bash

```
conda install -c nvidia -c rapidsai -c conda-forge \
    xgboost cudatoolkit=11.2
```

Outra forma de garantir a instalação correta é compilar o XGBoost a partir do código-fonte com o suporte explícito a CUDA. Esse processo é mais técnico e recomendado apenas quando não há builds prontos para sua versão de sistema.

Para verificar se a instalação com GPU foi bem-sucedida, é possível treinar um modelo com o parâmetro tree_method='gpu_hist':

python

```python
from xgboost import XGBClassifier


modelo_gpu = XGBClassifier(
    tree_method='gpu_hist',
    predictor='gpu_predictor',
    use_label_encoder=False,
    eval_metric='logloss'
)
modelo_gpu.fit(X_train, y_train)
```

Se a execução ocorrer sem erro, a GPU foi reconhecida e está sendo utilizada. O método gpu_hist é o mais rápido disponível e substitui o algoritmo tradicional hist da CPU por uma versão otimizada para execução paralela em GPU.

Para comparar o desempenho entre CPU e GPU, realiza-se o treinamento com ambos os modos e mede-se o tempo de execução:

python

```python
import time


modelo_cpu = XGBClassifier(
    tree_method='hist',
    use_label_encoder=False,
```

```
    eval_metric='logloss'
)

inicio_cpu = time.time()
modelo_cpu.fit(X_train, y_train)
fim_cpu = time.time()
print(f"Tempo CPU: {fim_cpu - inicio_cpu:.2f} segundos")

modelo_gpu = XGBClassifier(
    tree_method='gpu_hist',
    predictor='gpu_predictor',
    use_label_encoder=False,
    eval_metric='logloss'
)

inicio_gpu = time.time()
modelo_gpu.fit(X_train, y_train)
fim_gpu = time.time()
print(f"Tempo GPU: {fim_gpu - inicio_gpu:.2f} segundos")
```

A diferença de tempo pode ser expressiva em datasets maiores. Em geral, a GPU oferece ganhos substanciais quando o número de instâncias ultrapassa 100 mil registros ou quando há muitas variáveis preditoras.

É importante verificar a compatibilidade da GPU com a versão do CUDA Toolkit usada na instalação. O comando nvidia-smi exibe as especificações da GPU e a versão do driver instalado. A versão do CUDA utilizada pelo XGBoost deve ser compatível com a versão do driver da NVIDIA.

bash

```
nvidia-smi
```

Além disso, o pacote cudatoolkit instalado via conda deve ser alinhado com a capacidade da GPU. Versões superiores à suportada podem causar falhas silenciosas ou execução em modo CPU mesmo com gpu_hist.

Outro ponto importante é o uso do predictor='gpu_predictor', que garante que tanto o treinamento quanto a inferência sejam realizadas na GPU. O uso apenas de tree_method='gpu_hist' pode resultar em treinamento na GPU, mas predição na CPU se o parâmetro não for especificado.

Ao utilizar GPU em servidores compartilhados, clusters ou notebooks remotos, é necessário garantir que a GPU esteja livre. Em alguns ambientes, múltiplas tarefas competem pelo mesmo recurso, reduzindo o ganho de performance. O uso de ferramentas como nvidia-smi e gpustat ajuda a monitorar o uso da GPU em tempo real.

Em casos de múltiplas GPUs, o XGBoost ainda não faz uso nativo de todas as placas de forma paralela. Para aproveitar múltiplas GPUs, deve-se particionar os dados e treinar modelos em paralelo manualmente, ou utilizar frameworks como Dask ou Spark para distribuição.

Resolução de Erros Comuns

Erro: XGBoostError: GPU support is not enabled
Causa: Instalação do XGBoost sem suporte CUDA.
Solução: Reinstalar com conda e cudatoolkit, ou compilar com GPU habilitada.

Erro: CUDA driver version is insufficient for CUDA runtime
Causa: Driver da NVIDIA desatualizado ou incompatível com versão do CUDA.
Solução: Atualizar o driver para versão compatível com o cudatoolkit usado.

Erro: RuntimeError: No GPU device found
Causa: Ambiente sem GPU ou com GPU desabilitada.
Solução: Verificar com nvidia-smi e garantir que a GPU esteja disponível.

Erro: Predição feita na CPU mesmo com GPU ativada
Causa: Falta do parâmetro predictor='gpu_predictor'.
Solução: Especificar predictor no modelo para manter a inferência na GPU.

Erro: Modelo muito pequeno sem ganho perceptível de performance
Causa: Dataset leve não justifica o uso da GPU.
Solução: Usar GPU apenas quando o volume de dados justifica a aceleração.

Boas Práticas

- Usar tree_method='gpu_hist' e predictor='gpu_predictor' juntos

- Verificar compatibilidade entre GPU, driver e versão do CUDA Toolkit

- Testar o ganho real com benchmarking antes de integrar ao pipeline

- Monitorar o uso da GPU com nvidia-smi durante o treinamento

- Reverter para CPU em ambientes onde a GPU não oferece vantagem significativa

Resumo Estratégico

A utilização do XGBoost com GPU é uma das formas mais diretas de escalar projetos de machine learning com eficiência, reduzindo tempos de execução sem alterar a lógica do modelo. Com configuração adequada, é possível treinar modelos robustos em poucos segundos, otimizando o ciclo de desenvolvimento e o deploy em ambientes de produção. Compreender as dependências técnicas, medir os ganhos reais e adotar práticas seguras de execução garantem que a aceleração por GPU agregue valor sem comprometer a estabilidade da solução.

CAPÍTULO 21. AVALIAÇÃO DE PERFORMANCE COM DASK

O XGBoost pode ser integrado ao Dask para aproveitar recursos de paralelização e distribuição de tarefas em múltiplos núcleos ou máquinas. Essa abordagem é útil em datasets de grande escala que ultrapassam a memória RAM disponível, ou quando é necessário reduzir o tempo de treinamento de modelos sem sacrificar performance. O Dask permite treinar modelos XGBoost de forma distribuída em clusters locais ou em ambientes de cloud computing, mantendo a compatibilidade com o ecossistema Python. Vamos analisar, neste módulo, como executar o XGBoost com Dask, configurar um cluster local para testes e realizar análises de escalabilidade para validar ganhos reais de desempenho.

Para usar Dask com XGBoost, é necessário instalar os pacotes compatíveis:

bash

```
pip install dask[complete] dask-xgboost xgboost dask-ml
```

O primeiro passo é configurar um cluster local com múltiplos workers. Isso pode ser feito diretamente dentro do código:

python

```
from dask.distributed import Client, LocalCluster

cluster = LocalCluster(n_workers=4, threads_per_worker=1)
```

```
client = Client(cluster)
```

O LocalCluster cria um ambiente de execução paralelo em uma única máquina, utilizando múltiplos núcleos. É ideal para testes antes de escalar para clusters remotos.

Com o cliente ativo, o próximo passo é preparar os dados com Dask:

python

```
import dask.dataframe as dd

import dask.array as da

from sklearn.datasets import make_classification


# Geração de dados sintéticos

X_np, y_np = make_classification(n_samples=100000, n_features=50, random_state=42)


# Conversão para Dask Array

X = da.from_array(X_np, chunks=(10000, -1))

y = da.from_array(y_np, chunks=(10000,))
```

A interface do Dask permite trabalhar com arrays e dataframes que se comportam como os objetos tradicionais do NumPy e Pandas, mas com processamento distribuído em chunks.

Para treinar o XGBoost com Dask, utiliza-se o xgboost.dask:

python

```
import xgboost as xgb
```

```
dtrain = xgb.dask.DaskDMatrix(client, X, y)

params = {
    'objective': 'binary:logistic',
    'max_depth': 6,
    'eta': 0.1,
    'subsample': 0.8,
    'eval_metric': 'auc'
}

output = xgb.dask.train(client, params, dtrain,
num_boost_round=100)
booster = output['booster']
```

Esse processo distribui o treinamento pelas workers do cluster. O objeto booster resultante é compatível com o XGBoost tradicional e pode ser salvo, carregado ou usado para predições.

A predição também é feita de forma distribuída:

python

```
y_pred = xgb.dask.predict(client, booster, X)
print(y_pred.compute())
```

Como o y_pred é um Dask Array, é necessário chamar .compute() para materializar o resultado em memória.

A análise de escalabilidade pode ser feita monitorando o tempo de execução com diferentes configurações de n_workers e threads_per_worker. O dashboard do Dask pode ser acessado via navegador para visualizar o uso de CPU, memória, throughput e latência das tarefas:

python

client

A execução distribuída tende a trazer maior benefício em:

- Datasets com milhões de linhas

- Conjuntos com muitas features

- Ambientes com múltiplos núcleos ou instâncias paralelas

- Processos repetitivos como tuning com validação cruzada

Para avaliar o real ganho de performance, compara-se o tempo de treino em Dask com o tempo de treino em XGBoost tradicional. A redução no tempo, combinada com a manutenção da acurácia ou métrica principal, indica sucesso na escalabilidade.

Além do LocalCluster, o Dask também pode ser usado com:

- SSHCluster para múltiplas máquinas na rede

- KubeCluster em ambientes Kubernetes

- EC2Cluster ou GCPCluster em provedores cloud

- Dask Gateway para controle de autenticação em ambientes multiusuário

Os modos permitem escalar o treinamento horizontalmente,

ideal para equipes que operam grandes volumes de dados com recursos computacionais distribuídos.

Resolução de Erros Comuns

Erro: ImportError: No module named 'dask_xgboost'
Causa: Pacote não instalado corretamente ou versão incompatível.
Solução: Instalar com pip install dask-xgboost e verificar compatibilidade com xgboost.

Erro: ValueError: Cannot convert Dask object to numpy array
Causa: Tentativa de usar X.values sem computar o Dask Array.
Solução: Usar X.compute() apenas quando necessário ou manter como Dask Array.

Erro: Timeout ao iniciar cluster
Causa: Recurso de CPU ou RAM insuficiente ou conflito de portas.
Solução: Reduzir n_workers, reiniciar kernel ou liberar portas de sistema.

Erro: Performance pior com Dask do que em execução local
Causa: Dataset pequeno ou overhead de paralelização desnecessário.
Solução: Usar Dask apenas quando o custo de paralelização for justificado.

Erro: Client unexpectedly closed
Causa: Falha de comunicação com o cluster ou processo abortado.
Solução: Verificar logs, atualizar pacotes e reiniciar o ambiente de execução.

Boas Práticas

- Usar chunks adequados com base na quantidade de memória disponível

- Monitorar o dashboard do Dask para entender gargalos

- Validar a consistência do modelo com métricas após paralelização

- Comparar tempos de execução para justificar uso de cluster

- Aplicar .persist() ou .compute() com controle para evitar estouros de memória

Resumo Estratégico

A integração entre XGBoost e Dask permite escalar o treinamento de modelos para além das limitações de memória e CPU de uma única máquina. Com ferramentas simples e compatibilidade com estruturas conhecidas, é possível distribuir o processamento, reduzir tempos de execução e preparar pipelines de alto desempenho para produção. O domínio dessas técnicas posiciona o profissional para atuar em ambientes de dados massivos, com robustez técnica e infraestrutura otimizada para entregar modelos preditivos em escala real.

CAPÍTULO 22. XGBOOST NO AWS SAGEMAKER

O Amazon SageMaker é um serviço gerenciado para desenvolvimento, treinamento, deploy e monitoramento de modelos de machine learning em escala. Ao integrar o XGBoost com o SageMaker, é possível automatizar grande parte do ciclo de vida do modelo, desde o upload de dados até o deploy em produção com endpoint REST, utilizando infraestrutura escalável e integrada com os demais serviços da AWS. Navegaremos pelo uso prático do XGBoost dentro do SageMaker, com foco na preparação dos dados, criação de endpoints de inferência e estratégias de monitoramento operacional.

A utilização do XGBoost no SageMaker pode ser feita tanto com scripts personalizados em containers quanto com o algoritmo pré-compilado fornecido pela própria AWS, otimizado para performance na infraestrutura da nuvem. A abordagem mais direta utiliza o estimador integrado sagemaker.xgboost.estimator.XGBoost.

Antes do treinamento, é necessário realizar o upload dos dados para o Amazon S3. O SageMaker utiliza buckets do S3 como fonte de dados tanto para treino quanto para validação e deploy:

python

```
import sagemaker
from sagemaker import Session
import boto3
```

```
sess = sagemaker.Session()
bucket = sess.default_bucket()
prefix = 'xgboost-project'


s3_input_path = sess.upload_data(path='data/train.csv',
bucket=bucket, key_prefix=f'{prefix}/input')
```

Com os dados disponíveis no S3, cria-se o estimador de XGBoost utilizando o container oficial da AWS:

python

```python
from sagemaker.inputs import TrainingInput
from sagemaker.xgboost.estimator import XGBoost


xgb_estimator = XGBoost(
    entry_point='train.py',
    framework_version='1.3-1',
    hyperparameters={
        'max_depth': 5,
        'eta': 0.2,
        'objective': 'binary:logistic',
        'num_round': 100
    },
    role=sagemaker.get_execution_role(),
    instance_count=1,
```

```
    instance_type='ml.m5.xlarge',
    output_path=f's3://{bucket}/{prefix}/output'
)


train_input = TrainingInput(s3_data=s3_input_path,
content_type='csv')
xgb_estimator.fit({'train': train_input})
```

O script train.py deve seguir a interface padrão do SageMaker, recebendo argumentos via argparse e salvando o modelo na pasta /opt/ml/model. A AWS se encarrega de gerenciar o ambiente, isolar as dependências e empacotar o modelo treinado.

Com o modelo pronto, é possível criar um endpoint REST com apenas uma linha de comando:

python

```
predictor = xgb_estimator.deploy(
    initial_instance_count=1,
    instance_type='ml.m5.large'
)
```

O endpoint pode ser chamado via HTTP com payloads JSON ou CSV, dependendo da configuração de entrada. A inferência é feita com latência baixa e escalabilidade automática:

python

```
response = predictor.predict(data)
print(response)
```

O SageMaker também permite versionar endpoints, criar modelos de backup e realizar blue/green deployment, onde dois modelos podem rodar em paralelo para avaliação comparativa antes de substituir o modelo principal.

O monitoramento do modelo em produção é feito com o SageMaker Model Monitor, que coleta métricas de inferência, detecta desvios nos dados de entrada (data drift), compara distribuições de predição e alerta para comportamentos anômalos. Esse serviço pode ser ativado com poucos comandos:

python

```python
from sagemaker.model_monitor import DataCaptureConfig


data_capture_config = DataCaptureConfig(
    enable_capture=True,
    sampling_percentage=100,
    destination_s3_uri=f's3://{bucket}/{prefix}/monitor'
)


predictor = xgb_estimator.deploy(
    initial_instance_count=1,
    instance_type='ml.m5.large',
    data_capture_config=data_capture_config
)
```

As métricas são integradas com o Amazon CloudWatch, permitindo visualização gráfica, definição de alarmes e integração com pipelines de resposta automática.

Resolução de Erros Comuns

Erro: ClientError: AccessDenied
Causa: Permissão inadequada para escrever no bucket S3.
Solução: Verificar política da role de execução do SageMaker.

Erro: TrainingJobError: Algorithm error
Causa: Estrutura dos dados incompatível com o formato esperado.
Solução: Garantir encoding correto e remover cabeçalhos ou colunas não numéricas.

Erro: Endpoint timed out
Causa: Modelo pesado em instância com recurso insuficiente.
Solução: Usar instâncias com mais memória ou reduzir a complexidade do modelo.

Erro: MissingModelError ao criar endpoint
Causa: Diretório de saída sem modelo salvo.
Solução: Certificar-se de que train.py salva o artefato corretamente em /opt/ml/model.

Erro: Unrecognized input content-type
Causa: Payload incompatível com o tipo configurado no endpoint.
Solução: Ajustar headers da requisição ou usar predictor.serializer = CSVSerializer().

Boas Práticas

- Validar localmente os scripts antes de subir para o SageMaker

- Utilizar buckets separados para entrada, saída e logs de monitoramento

- Definir limiares e alarmes no CloudWatch para eventos anômalos

- Versionar o código de treino e o modelo com timestamp e metadados

- Documentar as decisões de parametrização para reprodutibilidade

Resumo Estratégico

O uso do XGBoost dentro do AWS SageMaker simplifica a entrega de modelos em produção com infraestrutura escalável, monitoramento automatizado e integração direta com o ecossistema cloud. Ao consolidar treinamento, deploy e análise pós-modelo em um único ambiente gerenciado, o profissional de dados ganha em agilidade, segurança e controle. A clareza no uso das ferramentas, aliada ao conhecimento dos processos de inferência e monitoramento, coloca o XGBoost não apenas como um algoritmo eficiente, mas como componente central de soluções preditivas robustas e operacionais.

CAPÍTULO 23. MODELAGEM EM PROJETOS EMPRESARIAIS

Modelar com XGBoost em ambientes empresariais exige mais do que conhecimento técnico da biblioteca. É necessário entender os requisitos de negócio, alinhar expectativas entre equipes multidisciplinares e operar dentro de ciclos formais de validação, deploy e monitoramento. A modelagem em contextos corporativos envolve integração com sistemas legados, preocupações regulatórias, governança de dados e compromissos com entregas reproduzíveis e auditáveis. Este capítulo demonstra como estruturar a utilização do XGBoost em projetos empresariais, desde o levantamento de requisitos até a operação integrada com times técnicos, analíticos e executivos.

O ponto de partida em projetos empresariais com XGBoost é o entendimento claro dos requisitos de negócio. Esses requisitos definem as restrições técnicas, as métricas de sucesso, a frequência de uso do modelo e os impactos diretos nas operações da organização. São exemplos comuns:

- Classificação de risco de crédito para concessão automatizada

- Previsão de churn para retenção de clientes

- Classificação de leads para priorização comercial

- Previsão de demanda para controle de estoque

- Detecção de anomalias em transações financeiras

Cada caso exige não apenas performance preditiva, mas também interpretabilidade, rastreabilidade e estabilidade operacional. A métrica de avaliação não deve ser definida apenas pelo time técnico, mas em conjunto com os stakeholders de negócio, considerando impactos reais como custo de erro, impacto no faturamento e exigências legais.

O ciclo de vida de um modelo com XGBoost em contexto empresarial envolve múltiplas etapas que vão além do treino e teste:

- Levantamento de requisitos

- Engenharia de dados e definição de features

- Treinamento e validação inicial

- Ajuste de hiperparâmetros com validação cruzada

- Validação com stakeholders e comitês internos

- Deploy controlado (AB test, shadow mode ou piloto)

- Monitoramento contínuo com logging e métricas

- Atualização programada com versionamento

O ciclo pode durar de semanas a meses, dependendo da criticidade do modelo. É comum que modelos passem por múltiplas revisões até serem considerados aptos para operação.

O XGBoost facilita esse processo com:

- Performance robusta em dados estruturados

- Compatibilidade com APIs via Flask/FastAPI

- Exportação para formatos leves e portáveis (JSON, binary)

- Integração com ferramentas como MLflow, DVC e Airflow

- Interpretação com SHAP, viabilizando explicações para auditorias internas

Um ponto central da modelagem em empresas é a integração entre equipes. Um projeto bem-sucedido envolve:

- Engenheiros de dados: responsáveis por pipelines ETL e provisionamento das variáveis

- Cientistas de dados: responsáveis pela modelagem, tuning e validação

- Engenheiros de machine learning: responsáveis por deploy, monitoramento e performance operacional

- Product Owners e analistas de negócio: responsáveis por traduzir os objetivos da empresa em critérios de aceitação e viabilidade

A comunicação entre esses atores deve ser contínua e clara, com entregáveis intermediários e checkpoints regulares. A documentação do modelo, tanto técnica quanto funcional, deve ser atualizada em todas as iterações.

Para integração com sistemas, os modelos XGBoost são geralmente servidos como APIs REST, incorporados em microserviços ou executados em batch. A escolha depende da frequência de uso:

- **Real-time**: APIs com retorno instantâneo, utilizadas em fluxos como scoring de clientes, validação de pedidos ou monitoramento de fraudes.

- **Near real-time**: processamento em janelas de minutos com buffer de dados.

- **Batch**: execução diária, semanal ou mensal, comum em relatórios, forecasting e auditorias.

A versão do modelo, o hash do arquivo, a estrutura dos dados de entrada e a configuração dos hiperparâmetros devem ser registradas a cada release. Isso garante reprodutibilidade, auditoria e rollback em caso de falhas.

Resolução de Erros Comuns

Erro: Modelo aprovado em teste mas falha em produção
Causa: Diferença entre dados de treino e dados operacionais.
Solução: Garantir que o pipeline de produção espelhe o pipeline de treino, incluindo pré-processamentos.

Erro: Stakeholders não confiam nas predições
Causa: Falta de interpretabilidade ou explicações mal apresentadas.
Solução: Usar SHAP Values e dashboards com foco em impacto e justificativa da decisão.

Erro: Modelo performa bem no início e degrada com o tempo
Causa: Drift de dados ou mudança no comportamento do mercado.
Solução: Monitorar métricas de performance contínuas e implementar estratégia de retreinamento.

Erro: Deploy interrompido por problemas de dependência
Causa: Ambiente de produção com bibliotecas diferentes do ambiente de treino.
Solução: Usar containers (Docker) ou virtualenvs controladas com arquivos requirements.txt.

Erro: Erro em tempo de execução por input malformado
Causa: API recebendo entradas em formato diferente do

esperado pelo modelo.

Solução: Aplicar validações de schema com Pydantic ou JSON Schema na camada de entrada.

Boas Práticas

- Coletar métricas de negócio antes de começar a modelagem

- Manter documentação viva e acessível durante todo o projeto

- Separar ambientes de treino, teste e produção com versionamento

- Testar modelos com dados reais antes do deploy oficial

- Estabelecer processos de retraining com checkpoints automáticos e alertas

Resumo Estratégico

Aplicar XGBoost em projetos empresariais exige mais do que acurácia: exige compreensão profunda dos objetivos do negócio, colaboração entre áreas e arquitetura operacional sólida. Ao seguir um ciclo de vida estruturado, garantir integração entre equipes e manter boas práticas de versionamento e documentação, é possível transformar modelos em ativos reais da organização. O XGBoost, por sua versatilidade e compatibilidade, é uma escolha técnica poderosa para entregar inteligência operacional com rastreabilidade, velocidade e impacto estratégico mensurável.

CAPÍTULO 24. ESTUDOS DE CASO COM DADOS PÚBLICOS

Aplicar o XGBoost em conjuntos de dados públicos é uma etapa importante para validar o conhecimento adquirido, testar diferentes abordagens de modelagem e entender como o algoritmo se comporta em contextos reais, com ruídos, colinearidades e padrões diversos. Trabalhar com datasets amplamente conhecidos também permite comparar resultados, interpretar métricas de forma contextualizada e criar referências técnicas consistentes. Analisaremos aqui, casos utilizando dados públicos das plataformas Kaggle e UCI Machine Learning Repository, com foco na análise de performance, decisões de modelagem e interpretação dos resultados obtidos com XGBoost.

A primeira aplicação utiliza o conjunto de dados "Titanic: Machine Learning from Disaster", um dos problemas introdutórios mais famosos da plataforma Kaggle. O objetivo é prever quais passageiros sobreviveram ao naufrágio com base em variáveis como idade, sexo, classe, tarifa e número de acompanhantes.

Após o carregamento do dataset, é necessário realizar uma etapa robusta de engenharia de variáveis:

python

```
import pandas as pd


df = pd.read_csv('train.csv')
```

```python
df['Sex'] = df['Sex'].map({'male': 0, 'female': 1})
df['Embarked'].fillna('S', inplace=True)
df['Embarked'] = df['Embarked'].map({'S': 0, 'C': 1, 'Q': 2})
df['Age'].fillna(df['Age'].median(), inplace=True)
df['Fare'].fillna(df['Fare'].median(), inplace=True)
```

A variável-alvo é Survived, e as preditoras são selecionadas com base na análise exploratória:

python

```python
features = ['Pclass', 'Sex', 'Age', 'SibSp', 'Parch', 'Fare', 'Embarked']
X = df[features]
y = df['Survived']
```

Com os dados prontos, o modelo é treinado com validação cruzada estratificada:

python

```python
from xgboost import XGBClassifier
from sklearn.model_selection import StratifiedKFold, cross_val_score

model = XGBClassifier(use_label_encoder=False, eval_metric='logloss')
kfold = StratifiedKFold(n_splits=5, shuffle=True, random_state=42)
scores = cross_val_score(model, X, y, scoring='accuracy',
```

```
cv=kfold)
```

```
print("Acurácia média:", scores.mean())
```

A performance obtida com XGBoost supera modelos lineares tradicionais e permite explorar estratégias adicionais de imputação, criação de variáveis derivadas e tuning de hiperparâmetros com GridSearchCV ou RandomizedSearchCV.

O segundo estudo de caso utiliza o dataset "Adult" do UCI, destinado à predição de renda anual com base em variáveis demográficas. O objetivo é classificar se um indivíduo ganha mais ou menos que 50 mil dólares por ano, usando atributos como idade, escolaridade, profissão e horas semanais de trabalho.

Após o carregamento, os dados categóricos são codificados com LabelEncoder e os valores ausentes tratados com preenchimento ou remoção seletiva:

python

```
from sklearn.preprocessing import LabelEncoder
```

```
df = pd.read_csv('adult.csv', na_values='?')
df.dropna(inplace=True)
```

```
for col in df.select_dtypes(include='object'):
    df[col] = LabelEncoder().fit_transform(df[col])
```

A separação entre treino e teste é feita com train_test_split:

python

```python
from sklearn.model_selection import train_test_split


X = df.drop('income', axis=1)
y = df['income']
X_train, X_test, y_train, y_test = train_test_split(X, y,
test_size=0.2, random_state=42)
```

O modelo é treinado com ajuste de parâmetros e medido por AUC:

python

```python
from sklearn.metrics import roc_auc_score


model = XGBClassifier(n_estimators=150, max_depth=5,
learning_rate=0.1, use_label_encoder=False,
eval_metric='logloss')
model.fit(X_train, y_train)
y_proba = model.predict_proba(X_test)[:, 1]


print("AUC:", roc_auc_score(y_test, y_proba))
```

A análise dos SHAP Values no conjunto de teste revela o impacto de variáveis como education_num, hours_per_week e marital_status na predição final, fortalecendo a interpretabilidade do modelo.

Esses estudos de caso ilustram como a aplicação técnica do XGBoost se conecta diretamente a problemas reais, exigindo decisões estruturadas de pré-processamento, escolha de métricas, validação e controle sobre os dados de entrada.

Resolução de Erros Comuns

Erro: ValueError ao treinar com colunas categóricas
Causa: Dados não convertidos para numérico antes do fit.
Solução: Aplicar LabelEncoder, OneHotEncoder ou map() para transformar categorias.

Erro: Acurácia inconsistente entre treino e validação
Causa: Overfitting por excesso de profundidade ou falta de regularização.
Solução: Ajustar max_depth, reduzir learning_rate, usar early_stopping_rounds.

Erro: Métricas irrelevantes para o objetivo do problema
Causa: Uso de acurácia em datasets desbalanceados.
Solução: Priorizar roc_auc, f1_score, recall dependendo do contexto.

Erro: Modelo com alta variação entre folds
Causa: Dados desbalanceados ou segmentação inadequada.
Solução: Utilizar StratifiedKFold para manter proporção da classe alvo.

Erro: Resultado final difícil de interpretar para stakeholders
Causa: Falta de análise de importância das variáveis ou ausência de explicações.
Solução: Integrar SHAP e visualizações explicativas com matplotlib ou plotly.

Boas Práticas

- Validar todas as etapas de pré-processamento com dados reais

- Utilizar validação cruzada estratificada com múltiplas métricas

- Documentar decisões de modelagem e parametrização

- Incluir análise de importância de variáveis e explicações locais

- Testar com datasets amplamente utilizados para comparação de performance

Resumo Estratégico

Os estudos de caso com dados públicos são oportunidades concretas de avaliar o XGBoost em cenários realistas e mensurar sua capacidade de gerar modelos eficazes, interpretáveis e aplicáveis. Trabalhar com datasets como Titanic e Adult fortalece a base técnica, oferece referência de benchmarks e desenvolve a habilidade de tomar decisões estruturadas sob pressão prática. Essa experiência aproxima a modelagem supervisionada da realidade operacional, reforçando a importância da compreensão técnica, leitura crítica dos dados e entrega de soluções com clareza, performance e responsabilidade.

CAPÍTULO 25. CHECKLIST FINAL DO PROFISSIONAL XGBOOST

O desenvolvimento de modelos com XGBoost exige uma abordagem sistemática, técnica e organizada. Ao chegar às etapas finais de um projeto, o profissional responsável deve garantir que todos os critérios de qualidade, estabilidade, interpretabilidade e performance tenham sido rigorosamente verificados. Este módulo oferece um checklist completo, validado em múltiplos contextos profissionais, para que nenhuma etapa crítica seja negligenciada. É a consolidação prática do que diferencia um experimento de um modelo pronto para gerar valor em produção.

As validações essenciais devem ser feitas com base na robustez estatística do modelo, na aderência ao problema de negócio e na estabilidade operacional. O checklist mínimo inclui:

- Verificação da métrica principal com dados de validação

- Comparação entre performance em treino e teste para detectar overfitting

- Avaliação com validação cruzada estratificada

- Teste com conjunto externo ou amostra operacional

- Avaliação do modelo por classes ou segmentos específicos

- Cálculo e revisão de precisão, recall, F1 score e AUC

- Visualização de curva ROC e matriz de confusão

- Interpretação com SHAP Values, destacando features mais relevantes

- Teste de robustez com ruído e outliers injetados

- Teste de estabilidade em execuções repetidas

Se essas validações forem ignoradas ou realizadas superficialmente, o modelo poderá ter boa performance em teste, mas falhar em ambiente real.

As etapas finais de produção envolvem uma série de medidas técnicas e organizacionais que viabilizam o uso seguro e eficiente do modelo:

- Salvamento do modelo com joblib, pickle ou save_model() do XGBoost

- Registro da versão do modelo, parâmetros, data de treinamento e métricas de validação

- Testes automatizados com amostras reais do sistema de entrada

- Validação da entrada do modelo com esquemas (tipos, formatos, limites)

- Geração de script de previsão com entrada e saída padronizadas

- Criação de requirements.txt com todas as bibliotecas utilizadas

- Containerização com Docker, se aplicável ao ambiente de

deploy

- Documentação clara de como usar, atualizar e interpretar o modelo

- Inclusão de fallback lógico para erros de inferência em produção

- Planejamento de pipeline de monitoramento e retraining

Tais passos garantem que o modelo não seja apenas tecnicamente válido, mas também operacionalmente viável.

Antes do deploy, alguns **cuidados estratégicos** devem ser adotados para evitar problemas silenciosos e facilitar a manutenção futura:

- Revisar os dados de produção: a distribuição é compatível com os dados de treino?

- O sistema operacional e bibliotecas da máquina de produção são compatíveis com os usados no desenvolvimento?

- Os nomes e a ordem das features estão fixos e protegidos contra mudanças inesperadas?

- O pipeline de pré-processamento foi replicado exatamente como no desenvolvimento?

- Há logging de entrada, saída e erros?

- Existe um plano para rollback, em caso de falha ou instabilidade?

- Os stakeholders entendem os limites do modelo e como

interpretá-lo?

As respostas a essas perguntas devem ser afirmativas antes de qualquer entrada do modelo em ambiente operacional.

Resolução de Erros Comuns

Erro: Modelo funcionando no Jupyter mas falha ao integrar na API
Causa: Diferenças de ambiente ou formato de entrada
Solução: Testar com inputs JSON realistas e simular chamadas REST antes do deploy

Erro: Performance em produção pior que no ambiente de validação
Causa: Distribuição de dados diferente ou drift não detectado
Solução: Implementar monitoramento contínuo de métricas e revisão periódica da base

Erro: Feature missing ao carregar modelo salvo
Causa: Alteração na ordem ou nome das colunas após treinamento
Solução: Fixar feature_names e validar com checagem automática antes da predição

Erro: Modelo imprevisível em valores extremos
Causa: Falta de robustez a outliers ou dados ausentes
Solução: Injetar cenários adversos e reavaliar a estabilidade do modelo

Erro: Problemas com atualização de bibliotecas quebrando a compatibilidade
Causa: Ambientes sem versionamento ou dependências soltas
Solução: Usar virtualenv, Docker e arquivos de requisitos controlados

Boas Práticas

- Manter uma cópia funcional do modelo com todos os dados e scripts congelados

- Validar o modelo com dados reais antes da entrada em produção

- Incluir logs técnicos e de negócio no pipeline de predição

- Documentar claramente todas as decisões técnicas e parâmetros utilizados

- Definir um plano de reavaliação periódica com base em métricas operacionais

Resumo Estratégico

O checklist final do profissional XGBoost consolida uma visão de excelência técnica e responsabilidade operacional. Validar, versionar, documentar e monitorar não são tarefas opcionais, mas componentes obrigatórios para garantir que o modelo entregue valor real de forma segura, escalável e sustentável. Ao seguir este checklist com disciplina, o profissional se posiciona como um elo confiável entre a ciência de dados e a geração de impacto direto nos sistemas, usuários e estratégias da organização. É aqui que o conhecimento técnico se transforma em competência aplicada.

CONCLUSÃO FINAL

Dominar o XGBoost não é apenas compreender sua sintaxe ou saber ajustar hiperparâmetros. É incorporar um padrão de excelência na modelagem de dados estruturados, integrando performance, explicabilidade, estabilidade e aplicação estratégica. O XGBoost não é apenas uma biblioteca — é uma fundação robusta para modelos que precisam entregar resultado com consistência em ambientes exigentes, como empresas, sistemas produtivos e operações críticas. Neste manual técnico, você percorreu uma trajetória estruturada para transformar dados brutos em predições de alto impacto, passando da base conceitual à integração com APIs e sistemas de larga escala.

No início da jornada, foram estabelecidos os fundamentos do XGBoost, suas motivações técnicas, estrutura de boosting e diferenciais operacionais frente a outras bibliotecas. A explicação do funcionamento interno, com foco em gradiente descendente funcional, regularização e paralelização, criou uma base sólida para o uso consciente da ferramenta.

A sequência prática teve início com a preparação de dados. A limpeza, transformação e encoding foram tratados como partes inseparáveis do pipeline de modelagem. A forma como cada decisão de pré-processamento influencia diretamente a performance do modelo foi apresentada com rigor técnico e aplicabilidade.

O entendimento do boosting, da diferença para o bagging e das vantagens específicas do XGBoost revelou que a arquitetura importa — e que saber como o algoritmo constrói e ajusta suas árvores é o que permite avançar com confiança nas fases seguintes. Da instalação ao primeiro modelo de regressão ou classificação, a fluidez operacional foi priorizada, permitindo que cada leitor passasse do entendimento à prática com eficiência.

As técnicas de avaliação com métricas apropriadas e os ajustes de thresholds com análise de curva ROC, AUC e matriz de confusão reforçaram o compromisso do livro com a tomada de decisão baseada em evidências. Modelos são ferramentas de apoio ao raciocínio — e só são confiáveis quando validados com profundidade.

A análise da importância das features, com gain, cover e frequency, permitiu enxergar o modelo além da acurácia, revelando os elementos-chave que movem cada predição. Essa visão foi expandida com o uso de SHAP Values, transformando o XGBoost em uma ferramenta explicável, auditável e confiável para ambientes regulados.

O controle de overfitting com early_stopping_rounds, reg_alpha, reg_lambda, validação cruzada e tuning automatizado com GridSearchCV e RandomizedSearchCV consolidou a engenharia de modelos como um processo iterativo e refinado.

A jornada técnica avançou com a modelagem multiclasse, a integração com Pandas, NumPy, séries temporais, e frameworks de deploy como Flask, FastAPI e Streamlit. Cada capítulo trouxe não apenas a teoria, mas a execução detalhada, com código explicativo, boas práticas e resolução de erros estruturada.

A aceleração por GPU e a execução distribuída com Dask mostraram que o XGBoost vai além da performance local. Ele escala com o seu projeto, seja por múltiplos núcleos, múltiplas máquinas ou clusters em cloud.

A modelagem em projetos empresariais foi tratada com responsabilidade: levantamento de requisitos, versionamento, documentação, integração entre times e deploy confiável. O checklist final consolidou o comportamento profissional esperado de quem entrega modelos em ambientes reais.

A estrutura modular deste manual permitiu que cada capítulo funcionasse como uma ferramenta independente, mas também como parte de uma engrenagem maior: um pipeline completo de inteligência aplicada. Os estudos de caso, as análises com dados públicos e as recomendações operacionais conectaram a teoria à prática com objetividade.

Como autor, encerro este manual com um agradecimento direto a você, leitor. Sua presença até aqui indica comprometimento com a excelência técnica. Que este conteúdo tenha servido como plataforma de cohecimento técnico, aplicação e diferenciação. O XGBoost é uma biblioteca em constante evolução — e agora, com este livro, você está preparado para evoluir com ela. Que cada linha de código sua gere impacto, que cada modelo entregue valor, e que cada deploy represente não só uma entrega técnica, mas uma afirmação da sua maturidade como profissional de dados.

Cordialmente,
Diego Rodrigues & Equipe!

www.ingramcontent.com/pod-product-compliance
Lightning Source LLC
LaVergne TN
LVHW051234050326
832903LV00028B/2407